นิวนิว
ไทยแลนด์

NEW NEW THAILAND

Taku Takemura

Photo: Maruo Kono

Photo: Maruo Kono

Photo: Maruo Kono

MEDICAL CLINIC
DOP
PIO

pttstation
ELEVEN
เปิด
24
ช.ม.
เคาน์เตอร์
เซอร์วิส

INTRODUCTION

タイの隙間

竹村卓

小学生の時からアメリカが好きで、それ以外の国なんてほとんど知らないでいた。僕が初めてタイを訪れたのが2005年。バンコクの街を歩いた時、なぜか90年の東京を見ているように感じてならなかった。街のいたるところで元気な若者たちがゴチャゴチャなにやら楽しそう。平日だというのに大音量で大盛り上がりの夜のクラブ。ライブハウスではタイ語で歌うバンドがいれ替わり、たち替わり。夕方になると現れるスケーターの少年たち、トゥクトゥクの間をすりぬけるモッズファッションのベスパ集団。タイってこんな国だったの？ 僕がこれまでイメージしていたのとはまるで違う印象だ。

「タイは、若いうちにいけ」90年代半ば、タイ航空が観光客を誘致しようとして打ち出したキャッチコピー。そのCMやポスターではバックパッカー、ムエタイ、マッサージ、屋台、お寺。若かりし頃のいしだ壱成が混沌としたバンコクの街に迷い込む。そんなイメージのCMが流れていた。アメリカ以外は知らないよその国みたいに思っていた僕でもなぜかそのキャッチコピーを良く覚えている。それからタイはバックパッカーたちが行くところ、くらいにしか思っていなかった。お寺を訪れて、屋台でご飯を食べて、マッサージを受けるなんていう王道ゴールデンコース、もちろん大好きだ。だけど僕がタイに通い続ける理由は、くねくねと曲がりくねったソイ（路地）という隙間に迷い込んでしまっていて、いまだ抜け出せないでいるからだ。その隙間には外からでは見えなかった面白いものがゴロゴロと転がっている。タイの日常にはそんな隙間がたくさんあるのだ。スケーターたちはこの隙間を縫うように滑り、ミュージシャンたちはあの隙間から歌声を響かせる。「90年代の東京のよう」と感じたのは当時の東京にもそんな隙間があったからかもしれない。

「I left my heart in Thailand」僕が日本に帰国するたび思うこと。それは良い旅ができたということ。またタイに戻らないと。そしてまた出口の見つからないソイの隙間に迷い込むのだ。

TABLE OF CONTENTS

＊この本で紹介している情報は２０１９年12月時点のものです。営業時間は変わることがあります。変則的な休業日もありますので、店のサイトやＳＮＳなどで最新情報を確認することをおすすめします。＊タイの人たちはニックネームで呼び合うことが多く、本書籍では氏名の後の（）内にニックネームを表示しています。＊２０１９年12月26日現在、１バーツ=約３・５円です。

1

COFFEE

Stories about Coffee

目の前に、一杯のコーヒーが置かれるまでのストーリー
長い長い道のりと、みんなの愛情と想いを込めて。

Seeds to Cup

コーヒー豆の栽培からカップに注がれた一杯まで、
すべての作業をひとりの人が一貫してできる
コーヒー好きには夢のような場所。
タイコーヒーはさらなる可能性が広がっている。

コーヒー農園のパイオニア。
"ワン"というニックネームで
みんなから慕われている。

Nine One Coffee

Coffee farm | Doi Saket | Wullop Pasananon (One)

“コーヒーと共に暮らす”

ナインワン・コーヒー
コーヒー農園（ドーイサケット）｜ウロップ・パサナノン（ワン）

「北タイのコーヒー農園を訪ねてみたい」とバンコクのカフェ〈CASA LAPIN（→P032）〉のタンタに相談すると、まず最初に勧めてくれた農園が〈Nine One Coffee〉のワンさんだった。20年ほど前からコーヒー農園をやっていて、タイでコーヒーに携わる人なら誰もが知るパイオニア的存在だという。僕も彼を紹介してもらって、〈Nine One Coffee〉へ向かった。チェンマイ市内からチェンライ方面へクルマを走らせ1時間ほど。12月のチェンマイもこのあたりまで来ると長袖がないと肌寒い。「ここまで来ると冷えるでしょう」。と温かいコーヒーで僕たちを迎え入れてくれたワンさん。「200年くらい前、このあたりは紅茶、タイ語で〝ミヤン〟のプランテーションだったんだよ。昔はスナックのようにミルクと一緒に紅茶の葉を食べていた。カフェインが豊富だからエナジー食品としてね。コーヒーは紅茶と同じ気候条件で栽培することができるから、今はコーヒー農園なんだ」

　まだまだ歴史が浅いタイのコーヒー文化。今までに2度、コーヒーが浸透するきっかけがあった。1度目はタイではコーヒー自体まったく知られていない50年前。「タイ、ミャンマー、ラオスの国境付近はゴールデン・トライアングルと呼ばれ、山岳地帯に住む少数民族の人たちがケシの栽培をして生計を立てていた。当時のプミポン国王がケシ栽培の代わりに換金食物としてストロベリー、ピーチ、クランベリー、そしてコーヒーを栽培するプロジェクトを開始したんだ。2度目は私がちょうどコーヒー農園を始めた20年前。ゴールデントライアングルからの自立を目的に〝ドイトゥン・プロジェクト〟が始まった。その頃から国内でコーヒーが普及し、美味しさにこだわった豆の需要が増えたんだ」

　この農園で作られる豆はすべてオーガニックだ。そのこだわりをワンさんはこう話す。「オーガニックはもちろん、農園の自然環境を維持することも大切にしている。ここはコーヒーの木と元々あった木々が混在している。コーヒーの木は他の木と比べると背が低く太陽の光が届きにくい分、成長も遅いし生産量も少ない。でも

1.

2.

自然環境を崩さずに育てるには仕方ないことだと思っている。コーヒーの花は4月くらいから咲いて、12月から収穫シーズンが始まるんだ。オーガニックじゃないところだと10月、11月から収穫できるところもあるよ。もう一つ大切な理由は、このあたりの村の人たちの収入を守ること。僕の作るコーヒーは大量ではないけれども、品質には自信があるから。このプランテーションで働く人たちは周辺の村に昔から住んでいる人たちだからね」

そうして収穫されたコーヒーの実を生豆に加工するプロセスは、味に大きく左右する。赤い実をはがして豆を乾燥させる方法には大きく分けてウォッシュド、ハニー、

1.訪れた時はちょうど収穫時期。木々の間に赤く実ったコーヒー豆を見ることができた。2.果実を水で洗い流した状態。まだ表面はヌルヌルしている。このまま乾燥させるとハニープロセス。再び水でヌルヌルをとってから乾燥させるとウォッシュドプロセスになる。3.コーヒー農園で収穫された豆を生豆にするプロセスを友人のアーティストが描いた絵を使って説明してくれるワンさん。4.ヌルヌルを再び洗い流すための攪拌機。5.ウォッシュドプロセス生豆。乾燥に約1週間かかる。

ナチュラルの3つある。「実が付いたチェリーをそのまま水につけて勢いよく撹拌してその実を剥がし取る。そうすると実と種の間にあるぬめりが残るんだ。それを残したまま乾燥させたものをハニープロセスの生豆。乾燥させる過程で豆がハニーのようにべたべたするからそう呼ばれているんだ。そのぬめりをさらに水で洗い流して乾燥させたものをウォッシュドプロセスの生豆。赤い果肉が付いた豆をそのまま天日干して乾燥させ、カラカラになってからそのまわりの果肉をはがしたものをナチュラルプロセスの生豆というんだ。どのプロセスが良いとかではなく、その豆に合ったプロセスで加工するんだ。それとお客さんの好みで使い分けるんだ。収穫シーズンになるとバンコクやいろいろなところからたくさんのバリスタがやってくる。コーヒーの収穫を手伝ってくれたり、より良いコーヒー豆を目指して栽培方法やプロセスを話し合っているよ」

コーヒー農園を始める前はバンコク政府で役人として働いていたワンさん。「バンコクに住んでいる時からこのあたりに遊びに来ていたんだ。ジャングルや深い山々が好きでね。この土地が売り出されていることを知って買うことにした。でもここで暮らすならどんな仕事がいいか考えたんだ。仕事をしながら環境問題についても考えたいと思って。その時にある人がこの土地ならコーヒー豆を育てることができると教えてくれたんだ。

3.

4.

5.

農園の麓、ドーイサケットにあるナインワンのカフェ。カフェ内に
焙煎機がありワンさんが焙煎したコーヒーをその場で味わえる。

この土地を先に買ってからコーヒーを育てることに決めたんだ。この環境を保ちながら暮らすことが第一条件だったんだ。川も木々もこのままがいい。コーヒーの育て方は本やインターネットで調べた。プロセス、焙煎、バリスタ、カフェの経営のすべてを学んだよ」

ここ10年で急速にコーヒーが浸透したタイ。チェンマイやバンコクでも豆にこだわるカフェは多い。〈Nine One Coffee〉はチェンマイでカフェも構えている。

「バンコクのBACCの中のカフェ〈Gallery Drip Coffee（→P040）〉が、タイで初めてハンドドリップでコーヒーを淹れてから、ブラックで豆の風味を楽しむ人たちが増えた。若い人たちがコーヒーにとても熱心なんだ。僕たちもそんな人たちのためにクオリティーの高いコーヒー豆を作り続けて行きたい。タイのコーヒーの歴史はまだまだ浅い。〝Seeds to Cup〟、すなわち豆の栽培からお客さんにコーヒーを提供するまでを自分たちでできるというのは僕たちの強みだと思っている。これからの可能性が大きく広がると思っているよ。環境問題も考えながら良質なコーヒーを作っていきたいね」

Nine One Coffee
Nimmana Haeminda Rd Lane 11, Tambon Su Thep, Amphoe Mueang Chiang Mai, Chang Wat Chiang Mai 50200
P157-Q 7:30–19:30 | 不定休
fb.com/nineonechiangmai/

Nine-One Coffee at One Nimman
Nimmana Haeminda Rd Lane 1, Tambon Su Thep, Amphoe Mueang Chiang Mai, Chang Wat Chiang Mai 50200 P157-Q
7:30–19:30 | 不定休
fb.com/91onenimman

チェンマイで若者が集まるエリア、ニマンヘミンに新しくオープンしたナインワンのカフェ。コーヒーと共に花が添えられ、そのプレゼンテーションも素敵だ。

Akha Ama Coffee

Coffee farm | Maejantai village | Ayu Chuepa (Lee)

“アカアマ”は村のため

アカアマ・コーヒー | コーヒー農園(メージャンタイ)
アユ・チュパ(リー) | akhaamacoffee

タイのコーヒーに興味を持ち始めていた頃、チェンマイで新しいカフェを探していた。情報誌を開くと〈Akha Ama Coffee〉のことが書いてあった。北タイの少数民族、アカの人たちが自分の農園で栽培したコーヒーを出すカフェがチェンマイにあるという。“Ama”とはアカ族の言葉で母という意味のようで、カフェのロゴはお母さんらしき女性の絵が描かれていた。

コーヒー農園やカフェを営むのはアカ族出身のリー君。コーヒー豆の栽培から加工、焙煎までを行い、こんなに居心地のいいカフェを構えてお客さんに直接提供する。コーヒーに携わる人なら夢のような環境でないだろうか。ここから豆を仕入れているというバンコクの〈CASA LAPIN (→P032)〉のタンタからさっそくリー君を紹介してもらい彼の生まれ育ったメージャンタイ村を訪れる約束をした。柔らかい表情としゃべり方が特徴的なリー君とチェンマイのカフェで待ち合わせる。そこからクルマで2時間ほど走り、4輪駆動のトラックに乗り換えて、さらに未舗装の道なき道を登ること30分。見渡す限り緑の山々に囲まれた風景の中に村が現れた。「ここが僕の村だよ」。クルマを降りると、リー君のお母さんの姿が。看板になっていたのは彼のお母さんだったんだ。

アカ族では12月が正月にあたるらしく、村人が餅つきをしている。

「ようこそ。最近建て直したけれど、ここが僕の生まれ育った家だよ。僕が生まれた時、この村ではお米、生姜、胡麻、大豆を自分たちで育てて自給自足の生活をしていた。当時はそれに満足していたからお金はそれほど必要なかったんだ。家も自分たちで建て、電気は今でも通っていないけどソーラーがある。この村の人口は39家族、260人。中国からミャンマーを通ってこの場所にたどり着いて、1981年から暮らしているんだ。僕はタ

チェンライ付近の山岳地帯にあるメージャンタイの街。ここから見える景色は素晴らしい。

イで生まれ育ったんだけど、学校へ通うようになったのは僕たちの世代から。この村で大学を卒業したのは僕が初めてだった。学校へ通うにはお金が必要になる。現金収入が必要になって、僕の両親はコーヒー栽培が安定した収入源になると見据えて力を注いだんだ」

この北タイ周辺やミャンマー、ラオスには少数民族が多く暮らしているが、彼らの多くは国籍がない。リー君の両親もタイ政府が調査で村を訪れるまで国籍がなかったという。そんな環境の中、リー君は英語学専攻の大学を卒業して、村に戻り〈Akha Ama Coffee〉を始めることになる。

「生まれ育ったこの村の暮らしを良くしたくて2009年に〈Akha Ama Coffee〉を立ち上げたんだ。村の人たちともたくさん話をした。これは僕一人じゃなく、コミュニティー全体の夢なんだ。僕は両親からコーヒーの栽培を学んだけど、今振り返ると、その方法はとても

1.アカ族にとってお正月にあたる日にお邪魔したのでお餅をついていた。2.手で摘み取られたばかりのコーヒー。例年より少し収穫のタイミングが遅いとのこと。3.お昼ご飯。ご飯が主食で野菜など村で採れたものばかり。4.手前左に赤ちゃんを抱いているのがリー君のお母さん。5.順調に成長するコーヒーの実。

素晴らしいものだった。収穫した後のプロセスの方法も素晴らしい。文字を読むこともできないし、当時はインターネットだってなかった。海外から人を招いて教えてもらうことだってできない時代に、これだけ高品質の豆を自分たちだけで育ててきたなんて、コーヒーのことを知れば知るほど、両親に感心したんだよ」

「コーヒーを収穫して生豆に加工する以上にもっとできることはないかな?と考えた。そうして生豆をローストして販売することもできると。それからチェンマイにオフィスを構えた。その時は焙煎機を買うお金もなくて、業者にローストをしてもらっていたよ。オフィスにはたくさんの人が豆を買いに来てくれた。みんなどんな味なのか試してみたくなるでしょう。そうやって今度はカフェをオープンして、今はチェンマイ市内に2店舗構えている。去年はチェンマイ郊外に「Liv-

5 | 2 1
4 3

1.

ing Factory」という施設をオープンさせたんだ。そこはカフェや焙煎所はもちろん、ワークショップやバリスタのトレーニング、あとは世界中からコーヒーに関わる農園や、科学者、生物科学者、コーヒーに興味のある人たちを招いて意見交換会を開いているよ。タイ国内はもちろん、コロンビア、イギリス、アメリカなど、様々な国が参加している。タイ全体のコーヒー業界のレベルが向上して、もっと多くの国の人にもタイのコーヒーのことを知ってもらいたいんだ」

リー君はコーヒー以外にも「チャイルド・ドリーム・ファウンデーション」という難民キャンプの子どもたちのためにチャリティー活動をしたり、NGO団体を立ち上げて活動もしているという。

「豆の栽培からカフェまでを自分たちの手で一貫できるのはタイに住む人たちの強みなんだ。僕は良いコーヒー豆を作るために最高の焙煎機を設置して、焙煎方法も必

3.

2.

1.僕たちを案内してくれた代表のリー君。2.「Living Factory」にてコーヒー豆の味を確かめるカッピングが行われていた。3.チェンマイのカフェではもちろんアカアマで収穫されたさまざまな豆を楽しむことができる。4.朝からお客さんで賑わう「La Fattoria店」。5.2017年にオープンした「Living Factory」。

死で研究してきたよ。世界各国のカフェでも学んできて、最高の一杯を楽しんでもらいたい。それは僕がただコーヒーが大好きだからではなく、村やコミュニティーに対しての思いがなければ〈Akha Ama Coffee〉はやっていないと思う。誤解を招く言い方だけれど、僕にとってコーヒーはツールでしかないんだ。コミュニティーが継続的に安定した生活ができることが僕が思う〈Akha Ama Coffee〉の夢。最終的にアカアマに頼らずにそうなったら嬉しい。こうやって大きな夢が持てることに感謝している。いつも世界中の人たちがたくさん話しかけてくれるんだ。でも、何で話がしたいの？って聞くと、みんな自分のインスピレーションを沸かせたいからだと答える。僕はパーフェクトではないけれど、そうやって僕のことを必要だと思ってくれて、そこから何かを感じ取ってくれるなら幸せだって思うんだ」

5.

4.

Akha Ama Original
9/1 Mata Apartment, Hussadhisewee Rd, Soi 3, Chang Phuak, Chiang Mai 50300
P157-O 8:00–17:30／第2火曜日定休

Akha Ama La Fattoria
Rachadamnoen Rd, Chiang Mai 50200
P157-O 8:00–17:30／不定休

Akha Ama Living Factory
Huai Sai, Mae Rim, Chiang Mai 50180
P159-W 9:00–17:00／毎週水曜日・第2火曜日定休

http://www.akhaamacoffee.com

New Wave of Coffee

自国でコーヒー豆が採れる未来への可能性。
そしてその歴史が浅いからこそ、新しいことにチャレンジできる。
自由に解釈して、それをまた自分たちなりに表現する。
タイならではのスタイル。

1.

CASA LAPIN

Cafe | Bangkok | Surapan Tanta

カフェと街の関係性

カーサ・ラパン｜カフェ（バンコク）
スラパン・タンタ｜casalapin

僕にとってバンコクのカフェといえば、とにかく〈CASA LAPIN〉だ。お店がオシャレとかコーヒーがうまいとか落ち着くとか、それだけの話しではない。このカフェを始めたタンタと出会ったことが僕にとって大きいのだ。初めて出会った時は雑居ビルの廊下にカウンターだけだったカフェが、今ではバンコクを中心に14店舗も構えるまでになった。廊下で飲んだコーヒーも美味しかったし、彼の価値観や距離感が自然でとても良かった。タイのコーヒーに興味を持ったのもその廊下でタンタのコーヒーを飲んでいる時だった。

「建築家だった僕がカフェを始めようと思ったのは、コーヒーはもちろん、スペース、デザイン、人との社交的な関係が建築と似ているなと思ったからだよ。それが楽しかったんだ」

チェンマイでコーヒーの勉強をして、バンコクに戻ったタンタは〈CASA LAPIN〉を始める。

「当時のタイのコーヒーシーン

2.

1.瓶のボトルに詰められたコールドブリュー。ミルクが入ったものもある。ラベルのイラストはサンド（→P122）によるもの。2.欧米のようなインテリアと例えられることが多いが、もうバンコクらしいと言ってもいい。3.エスプレッソを淹れるタンタ。

は小さかった。最初に焙煎機を導入して、北タイの農園へ通って豆のことを学んだりもした。そうやって試しているうちに、今では14の支店があるんだよ」

タイで多くの人がコーヒーを楽しむようになったと同時に、タンタが気にかけていることがある。

「コーヒー豆を焙煎するということは、その煙が大気を汚染することなんだ。だから、焙煎した空気を浄化して排出する焙煎機を最近導入したところ。素敵な空間を提供して居心地のいいソファで美味しいコーヒーを飲むことは美しい。だけど、カフェをやる側として環境のことも考えていかなといけないんだ。特にバンコクは大気汚染がひどいことで有名だから。タイのコーヒー文化は始まったばかり。これからもまだまだゆっくりと発展していくんだ」

カフェはその街との関係性が重要だと思う。タンタのような人が引率するバンコクのカフェ。これからも期待が高まる。

3.

51 Sukhumvit 26, Khlong Tan, Khlong Toei, Bangkok 10110 P154-F 8:00–22:00 | 不定休

Brave Roasters

Cafe / Roastery | Bangkok | Ekameth Wipvasutti(Tay Tay)

クオリティの高いコーヒー豆であること

ブレーブ・ロースターズ｜カフェ／ロースター（バンコク）
エカメス・ウィプバスティ（テイテイ）｜ braveroasters

1.

2.

1.Brave Roastersの代表テイテイ。彼とのコーヒー話はいつも楽しい。2.タイを含め世界各地から厳選した豆を取り寄せ焙煎している。3.新しい焙煎所は天井が高く気持ちの良いスペース。4.サイアム・ディスカバリーのモール内にあるカフェはいつも人気。

友だちみんなで食事をしていると、遅れて現れてきたのがテイテイとの出会い。〈Brave Roasters〉をやっていると紹介された。その時はまだ焙煎所だけで、カフェはオープンしていなかったと思う。愛嬌があって面白い。席に着くとテーブルにあるご飯をすごい勢いで美味しそうに食べていた。

しばらくしてサイアム・ディスカバリーというモールにカフェをオープンさせたと聞いて訪れると、広いスペースの立派な店舗に驚いた。あのテイテイがこんなに立派なカフェをやっているなんて。焙煎所も引っ越したと聞いたので訪れてみた。

「焙煎所が広くなったから、いろい

ろと仕事がやりやすくなったよ。タイの豆はもちろん、世界中から豆を仕入れている。クオリティの高い豆の絶対条件は新鮮であること。だから採れたての豆を仕入れるために世界中の豆の産地の収穫時期を把握しているんだ。新鮮な豆を最適なローストで商品にする。最近は農園から直接豆を仕入れているけれど、それでも品質のいい豆は値段が高くなる。タイではコーヒーがよく飲まれるようになってきたけれど、まだクオリティより値段が重視されてしまうことが多い。それは5年前からあまり変わっていないね。お客さんにその違いを伝えるのにまだしばらく時間がかかると思う。カフェでは高品質の豆のコーヒーより、オシャレで豪華な内装のお店に多くのお金を払うんだ。でも僕はクオリティの高い豆を知ってもらうために、それを伝えることを続けたい。僕はただコーヒーが好きだからこの仕事をしている訳じゃないよ。すべてはビジネスが基本だって思っている。そうでなければクオリティの高いコーヒー豆を販売し続けることはできない。パッションとビジネスのバランスが大切なんだ」

テイテイがコーヒーの話をする時はいつも自信に満ちあふれている。話をしている彼の姿を見ているのも好きだ。

3.

4.

Brave Roasters Siam Discovery
3rd Floor, O.D.S Zone 989 Rama I Road,
Pathumwan, Bangkok 10330 P155-G
10:00–22:00 | 不定休

Brave Roasters
SPACE ODDITY SEEN SPACE
251/1 Thong Lo 13 Alley, Sukhumvit 55 Rd.,
Khlong Tan Nua, Wattana, Bangkok 10110
P154-F 9:00–18:00 | 不定休

Roots Coffee

Cafe / Roastery | Bangkok | Pakawan Tirapairoj (Picolo)

タイの豆を美味しさで伝えたい

ルーツ・コーヒー | カフェ/ロースター(バンコク)
パカワン・ティラパイロ(ピッコロ) | rootsbkk

彼女に初めて出会った時、エカマイ沿いに焙煎所を構えてやっていると話してくれた。そして次に会った時、カフェもオープンしたのよ、と教えてくれたので早速訪れた。トンローという流行に敏感な人たちがあつまるエリアに新しくできたコミュニティーモール「the COMMONS」は規模は小さいけれど、こだわったレストランやショップが入った複合施設。入口、いわゆる一等地にどんと構えた〈Roots Coffee〉。そこにチャキチャキと仕事をこなすピッコロがいた。いつも穏やかで温和な印象だった彼女がこんな立派でトンローエリアの顔ともなるカフェをやっていてかっこいいと思った。それからトンローを訪れる時は、このカフェが行動の起点になった。

カフェをやりながら、同時に続けている焙煎所は一度も訪れたことがなかったので足を運んでみた。「今のオーナーが焙煎所を探していて、私が任されることになったの。焙煎所でも週末だけコーヒースタンドをオープンしていたわ。それから「the COMMONS」でカフェを開くことになった。店名の"Roots"ってすべての起源でしょ。強いルーツがあれば立派な木が育つ。そうやって決めた名前よ。この6〜7年でタイのコーヒーシーンはとても大きくなった。バンコクのコーヒー業界はみんな仲良しだから、焙煎、カフェ、そしてお客さんも、みんながもっとコーヒーについて学びたいと思っている。今、バンコクでは浅煎りで酸味がある豆が人気。私も浅煎りが好きだけれど、豆本来の甘さによって煎り具合を調整しているわ。タイの人たちは輸入品の方が良いと思っている人が多いから、海外の豆を選ぶ人が多い。私はその考えを変えたい。タイの豆の美味しさを味で伝えたいの。次に出店する新しい店舗ではすべてタイの豆でコーヒーを出すつもり」。

　豆のことを熟知しているロースターとバンコクで注目を集めるカフェ、〈Roots Coffee〉にこれからも注目していたい。

1.

2.

3.

1.〈Roots Coffee〉のカフェではコーヒーをオーダーするのと同時に豆を購入する人も多い。2.焙煎されたコーヒー豆。いい色。3.ピッコロというニックネームで親しまれている。

the COMMONS (Market Fl.) Thonglor 17, Sukhumvit 55 Bangkok 10110 P154-D
月-木 8:00-19:30 | 金-日 8:00-20:30 | 不定休
https://rootsbkk.com

INK & LION Café

Cafe | Bangkok | Kiak and Pui

コーヒーと
ケーキとアートも

インク・アンド・ライオンカフェ | カフェ(バンコク)
キアク、プイ | inkandlioncafe

キアックさんとプイさん夫婦が経営。サンフランシスコで出会った二人がバンコクでオープンしたカフェ。エカマイ駅から徒歩圏内に位置し、アクセスもいい。店内の机と椅子は日本の学校のものを使用。カフェで作られているプチケーキは、コーヒーに合うので楽しみの一つ。店内にはギャラリースペースもあり、夫婦のキュレーションで展示されるアート作品も興味深い作家のものが多い。エカマイへ来た時はぜひ。

エカマイの通りから少し奥まったところにあるのでのんびりできる。スタッフたちもいつもみんな笑顔でいい感じ。オーナーのキアクさん(左から4人目)とプイさん(左から2人目)

1/7 Soi Ekamai 2, Sukhumvit 63, North Prakanong, Wattana, Bangkok 10110 P154-D
月-金8:00-18:00 | 土日9:00-18:00 | 水曜日定休 inkandlion.business.site

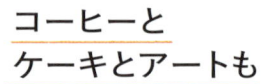

ファランポーン駅からヤワラートへ歩いて行く途中。ちょうど暑くなってきて休憩したいなって頃に現れるカフェ。よく見ていないと見逃してしまうかも。古い町並みにポツポツとギャラリーやレストランがあるnana通りの細い道を入るとある花屋。この花屋も素敵なんだけれど、その花束を作っている脇を抜けて階段を上がるとカフェがある。多分女子が好きだろうな。いや男子だって好きだ。花屋の中にあるというのがまたいい。

Wallflowers Cafe

Cafe | Bangkok

花屋の中にあるカフェ

ウォールフラワーズ・カフェ
カフェ（バンコク）| wallflowerscafe.th

チャイナタウンで人気のエリア、Soi Nanaの細い路地にひっそりと構えるカフェ。現在も営業を続ける花屋をくぐり抜けて店内へ入る。

31-33 soi nana, Pom Prap,
Pom Prap Sattru
Phai, Bangkok 10100 P155-J
11:00-19:00 | 水曜日定休
fb.com/wallflowerscafe.th

Gallery Drip Coffee

Cafe | Bangkok | Piyachat Trithaworn (Pi)

タイで初めてのハンドドリップ

ギャラリー・ドリップ・コーヒー｜カフェ（バンコク）
ピヤサット・トリサウォン（ピー）｜gallerydripcoffee

BACC内というロケーションもとてもいい。オーナーはみんなからピーさんと呼ばれ彼の淹れるコーヒー目当てに来るお客さんも多い。

939 Rama1 Road, Wangmai, Pathumwan, Bangkok 10330 P155-G
11:00-21:00｜月曜日定休
fb.com/gallerydripcoffee

〈BACC（バンコク・アート・アンド・カルチャー・センター）（→P124）〉の1階にあるカフェ〈Gallery Drip Coffee〉はタイでコーヒーに携わる人なら知らない人はいない。タイで初めてハンドドリップで淹れたコーヒーを出したカフェ。カウンターでオーナーのピーさんやスタッフがコーヒーを淹れる姿がこの店の看板。北タイ産はもちろん輸入豆など厳選されたコーヒー豆が揃う。美味しいケーキも忘れずに。

Ristr8to

Cafe | Chiang Mai

ブームの火付け役

リストレット | カフェ（チェンマイ）

コンデンスミルクの入った甘いタイコーヒーかスタバくらいしかチョイスがないと思っていたタイで、豆や抽出方法などにこだわったコーヒーを初めて飲んだカフェ。タイでのカフェブームの火付け役といわれている。店内には扱っている豆の特徴や産地、淹れ方や飲み方まで描かれた黒板がある。本格的なドリップやエスプレッソが楽しめると同時に試験管の容器や見たことないような革新的なメニューがあるところもタイらしい。

15/3 Nimmanhemin Road, Suthep, Muang, Chiang Mai 50200 📍P157-Q 🕒7:00-18:00／不定休 https://ristr8to.com

GATEWAY COFFEE ROASTERS

Cafe | Chiang Mai

落ち着いた雰囲気でコーヒーを

ゲートウェイ・コーヒー・ロースターズ
カフェ（チェンマイ） | gatewaycoffeeroasters

ターペー通り沿いの古い建物の2階にあるカフェ。脇の通りにある入口から2階へ。手前には「ISSUEギャラリー」（→P125）がある。店内に入るとカフェだらけのチェンマイだけれど、こんな雰囲気の落ち着いたカフェは珍しいかも、と思う。名前の通り自家焙煎していて美味しいコーヒーも飲めるし、アレンジにアレンジを加えた珍しいコーヒーも飲める。お店の人の丁寧な説明を聞いて頼むといい。僕はここのバルコニーからの眺めが好き。

50300 Chang Moi Rd Soi 2, Tambon Chang Moi, Amphoe Mueang Chiang Mai District, Chiang Mai 50300 📍P156-M
🕒9:00-18:00 | 不定休 fb.com/gatewaycoffeeroasters/

Oliang

Thai coffee

タイに愛され続けているコーヒー

オーリアン｜タイコーヒー

　タイコーヒーといえば濃いコーヒーにコンデンスミルクがたっぷりと入ったアイスコーヒーを思い浮かべる。それはオーリアンと呼ばれている。ずっとコーヒーだと思っていたけれど、タマリンドの種を煎って砕いたもの。使っているブランドによって、コーヒー豆と混ぜているところもあるらしいけれど詳細はわからず。街を歩いていると、どこでもこのオーリアンを売っている屋台を見つけることができるので、ぜひ試してみて欲しい。基本的にオーリアン、チャと呼ばれているタイティー、マイローと発音するミロの3種類を扱っている屋台が多く、値段もたっぷり入って10バーツから20バーツ。スターバックスのコーヒーが100バーツ程なのでリーズナブルだ。

　カーフェー・ボーラーンと言えば、甘いアイスミルクコーヒー、カーフェー・ローンと言えばホットミルクコーヒー。いずれにせよ激甘。ちなみに、僕が好きなのはボー

ラーンか、最近はチャ・マナーオ、タイアイスレモンティー（激甘）。長ーいネルのような濾し袋にオーリアンの粉を入れて何度かお湯を濾して、これでもかと言わんばかりのコンデンスミルクと、さらにこれでもかと大量の砂糖が入ったコップにコーヒーを注いでかき混ぜる。それを大量の氷が入った薄いプラスチックのコップかビニール袋に注いだら、ストローさして、はいできあがり。もちろん北タイで収穫されたコーヒー豆で淹れたコーヒーも格別だけれど、街中の屋台で買えるこのオーリアンも最高。暑い街中で歩き疲れた時なんて、この甘いコーヒーが美味しい。チェンマイのチェンマイ市場前の屋台ではオーリアンと一緒に半熟卵も売っていて、ちょっとした屋台スタイルの朝ご飯が楽しめる。もちろん甘さ控えめや砂糖なしなどのアレンジも可能。ホットのメニューもあるのでいろいろと試してみるのもいいかも。

●ホンテウインのヤムソムオー
(チェンマイ)

ソムオー、日本でいうサボン。それをほぐして、干しエビやココナッツ、ライム、ピーナッツなどと一緒にヤム(和えた)したサラダ。チェンマイホンテウインのヤムソムオー、ソムオーのさっぱりとココナッツなどのこってりのバランスがちょうど良い。80バーツ。

95/17-18 Nantawan Arcade, Nimmanhaemin Rd, Chiang Mai 50000 P157-Q 11:00-22:00|不定休

今日のアロイ(1/5)

タイでの楽しみの半分は「食べること」だと
ここで言ってしまおう。自給率は150%を超えるという
タイ人の微笑みは食の豊かさからだと思う。
「アロイ」とは美味しいという意味。
タイ人はこの言葉をよく使う。さて、まずは「アロイ」サラダから。

●ラチャマンカホテルの
エビとレモングラスのサラダ
(チェンマイ)

旧市街にあるラチャマンカホテルのレストラン。ホテルも静かで良い雰囲気。バイクで乗り付けるとちょっと場違い感あるけどまあいいか。レモングラスの内側の柔らかい部分を細かく輪切りにしたサラダ。甘くて酸っぱくて、香ばしくて、エビもプリプリ。アロイ! 230バーツ。

6 Rachamankha 9, Phra Singh, Chiang Mai 50200 P157-O
11:00-22:00|不定休 https://www.rachamankha.com

●クルア・ペット・ドイガーンのヤム・サーモンプライ（チェンマイ）

チェンマイを訪れたら絶対に行きたい、食べたい、クルア・ペット・ドイガーン。マストで食べたいものがたくさんあるけれど、とにかく食べてもらいたい白ウコンのサラダ。あまり日本では食べられないハーブがてんこ盛り。ナッツの香ばしさや酸っぱさ、甘さのバランスが最高。100バーツ。

267 Mahidol Road, Chiang Mai 50100
P156-N 11:00-22:00｜不定休

●アーバンラスティックタイのヤム・ガイダーオ（バンコク）

タイの人は卵料理が得意、ということに最近気がついた。バンコク、ワットポー近くにあるこのレストランは外国からのお客さんも多い。ここの卵のサラダがアロイ。焼いた卵にナンプラーやハーブがハラリハラリと和えられたサラダ。これもやっぱり甘くて酸っぱくてしょっぱい。好みで卵を混ぜ込んでみよう。145バーツ。

394/35 Maharaj Road, Tatien, Phra Borom Maha Ratchawang, Phranakorn, Bangkok 10200 P155-I
11:00-22:00｜月曜日定休 https://www.errbkk.com

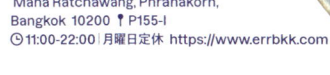

2

SKATEBOARD

The new skateboarding capital

カリフォルニアで生まれたスケートボードは世界中へと広まっていく。
それに関わる人たちの共通言語として心に刻まれる。ここタイでも。

©Janchai Montrelerdrasme

Janchai Montrelerdrasme

Cinematographer / Photographer | Bangkok

撮影したものは歴史になる

ジェンチャイ・モントレラードラスメ
映像作家／写真家（バンコク）| janchai

日本では考えられないくらいたくさんの電線がぐちゃぐちゃに絡み合っていて、近くに寄るとジーッって音がしていたり、歩行者が触れるくらいまでその電線が垂れ下がっている。そんな風景がバンコクの日常だ。そんな路地をスケーターがプッシュしている写真を見た。バンコクらしい、タイらしいスケート写真だと思い、フォトグラファーを調べるとジェンチャイという人物らしい。〈Preduce（→P054）〉のビデオも彼が撮影していたので、サイモンにジェンチャイ君を紹介してもらい、彼のスタジオに会いに行った。

＊

――バンコクで生まれてアメリカ、テネシー州の大学へ留学したんだ。大学では写真、映像、編集などを学んだ。僕の両親はクリスチャンで宣教師。私立のミッション系の大学に通って、そのままアメリカのキリスト教の教会で働いたんだ。毎週末に行われるコンサートを撮影する仕事をしていたよ。あれはいい勉強になったね。

さかのぼって、僕がスケートボードを始めたのは2000年1月1日。新年にもらったお金でスケートボードを買ったんだ。MBKのショッピングモールで買ったのを覚えてる。高校生になって〈Preduce〉のライダーにも出会って真剣にスケートするようになったんだ。それと同時に、父親の影響もあって写真やビデオを撮るのも好きだった。撮影するのが好きな理由は、撮ったものがその瞬間からどんどんと過去になり、歴史になるから。良い写真、悪い写真、iPhoneで撮っていたとしても構わない。見返すと楽しいでしょ。記録するということが僕にとって重要なんだ。子どもの頃の写真を見返すのも好き。それから

©Janchai Montrelerdrasme

スケートビデオを作るようになったんだ。〈Preduce〉から初めてリリースされた「Smooth」のビデオのプレミアは、バンコクのクラブでやったんだ。その時は僕が作った「ILUVQP」というビデオも同時に発表してもらったんだけど、ビデオに出ているスケーターや僕は未成年だったからクラブに入れなくて、晴れの舞台に立ち会うことができなかったんだ。それから数作品を作って僕にとっては大きな作品となったのが2014年に〈Preduce〉から発表した「Sawatdee」だよ。2年間かけて完成させたんだ。チームも大きくなっていたし、その時は〈コンバース〉からスポンサーを受けていたから中国ツアーに行ったりしたんだ。楽しかったよ。

　スケート写真はどちらかというとビデオ撮影の合間に、雑誌やWEBのために撮影している感じだね。昔はストロボやらスタンドやら機材も多かったけど、最近は自然光で撮影するから機材も少なくて済むしね。

　作品の撮影をする時は、いつもビデオカメラ2台、2つのアングルで撮っている。その合間で写真を撮ったり、インスタのストーリーズもアップしたり、やれることをすべてやろうとするからいつも大忙しだよ。撮影があれば運転もするし、ホテルを探して食べるところを見つけたり、すべてを一人でやっている。すごく大変だけれど、好きなことのためじゃなかったら、こんなふうに長く続けることはできなかったと思う。疲れるけど、最後にはすごく楽しんでいる。スケートボード自体、本当にいいなって思う。一緒に撮影する相手が16〜17歳で僕は31歳。年が離れていても一緒にスケートボードを楽しんで、スケートボードの話ができるんだ。今でも朝起きたら、スケートボードを撮影することにわくわくしちゃうくらい。

1.

3.

2.

1.自然光がきれいに入るジェンチャイ君のスタジオ。2.大切に使用しているライカのフィルムカメラと〈Preduce〉のウィール。3.スタジオにはいろいろなところに写真が飾られている。

Preduce

Skateboard company
Bangkok | Simon Pellaux

タイを代表するスケートブランド

プレデュース | スケートボード・カンパニー（バンコク）
サイモン・ペロウ | preduce_skateboards

僕が初めてバンコクを訪れた２００６年。タイにもスケートショップはあるかな？と調べてみると、すぐに見つかったのが〈Preduce〉だった。オリジナルのデッキやTシャツはもちろん、ビデオまで作っていることに驚いた。コンクリートの質感とかほこりっぽさとか、流れるタイ語の音楽とかの目新しさや、スケートを楽しんでいる姿は世界中どこでも同じなんだなと改めて感じた。その後〈Preduce〉をやっている人物がサイモンというスイス人だと知る。それを知った時、タイのブランドではないのかと少し複雑な気持ちになったけれど、それ以降も新しいデッキやビデオを楽しみに観ていた。

〈Preduce〉のオフィスで改めてサイモンに話を聞いた。オフィスの壁にはこれまでリリースしてきたデッキが飾られている。TRKも〈Preduce〉のアートディレクターを務める。

数年前、バンコクで初めてサイモンと出会い一緒に食事をして話をした。彼が異国の地でスケートブランドを始めたことに興味もあってずっと聞いてみたかった。

「はじめはただスケートがしたくてバンコクに来たんだ。最高の経験だったよ。その次の夏休みに２ヶ月間滞在するつもりで訪れたら、結果的に1年間滞在していたんだ。それでスケーターのヌンと出会うんだけど、彼はすでにスケートチームとしての〈Preduce〉をやっていたんだ。スケートをしていた場所はひどかったけれど、本当にみんなうまかった。当時のタイではスポンサーを受けてスケートをキャリアとして生活していくなんて夢のまた夢だった。そんな時〈Preduce〉をブランドとして始めるのはどうか？という話になったんだ。まさかタイでブランドを始めるとは思わなかったよ。バンコクに家を借りて〝プレデュース

🕒10:30–20:30｜不定休 https://www.preduce.com

マンション〟なんて名前をつけて、チームのみんな12人で暮らしていた。スケートしてビデオ撮影して、毎日がパーティーだった。初めてのビデオが完成した時、バンコクのクラブでプレミアをやったら、たくさんの人が集まってくれたよ」

「それからお店を開いたのが2006年。当時、サイアム・スクエアに店を開くなんてみんなにクレイジーだって言われたよ。ショッピングの中心地で家賃も高かったからね。店内はクリーンで綺麗な作りにしたおかげで買い物客からスケーターたちまで、たくさんの人が集まってくれるような場所になった。チームのメンバーたちもスタッフとして働いたり、オフィスで働くライダーもいる。彼らがスケートをし続ける為には僕に何ができるのかを考えたんだ」

「写真やビデオを撮影してくれるジェンチャイ(→P048)や、アートディレクターのTRK(→P096)が居るからタイのスケートブランドと

して成長できたんだ。ブランドがしっかり機能すればタイのスケートシーンも大きくなる。そうすれば、アメリカへ行かなくてもスケーターとしてタイで暮らすことができるんだ。それ以降、友だちがスケートショップをオープンさせたりブランドを始めたりしたんだけど、僕たちがやっていることが彼らの励ましやきっかけになったのであればすごく良いことだって思うんだ」

チームにはタイ人以外にインドネシア人、フィリピン人、アメリカ人を含む12人のライダーが所属。スイスから遊びに来た青年がきっかけで立ち上げた〈Preduce〉はタイの心を持ちながら、タイを代表するスケートブランドとして世界中に発信をしている。サイモンと出会ったことで今僕ははっきりそう言える。「Preduce」とはタイ語でスムースという意味。バンコクのまだまだラフな路面をスムースに滑るライダーたちをこれからも見続けていきたい。

218/9 Siam Square Soi 1, Pathumwan, Bangkok 10330 P155-G

Wakebakeskate Cafe

Cafe | Chiang Mai | Jirawat Navachak (Toto)

カフェとフリーペーパー

ウェイクベイクスケート・カフェ | カフェ（チェンマイ）
ジラワット・ナヴァチャック（トト） | wakebakeskatecafe

1.訪れる旅にディスプレイが変わっている。2.チェンマイにスケートパークを願う。パソコンで描いた夢のパーク。

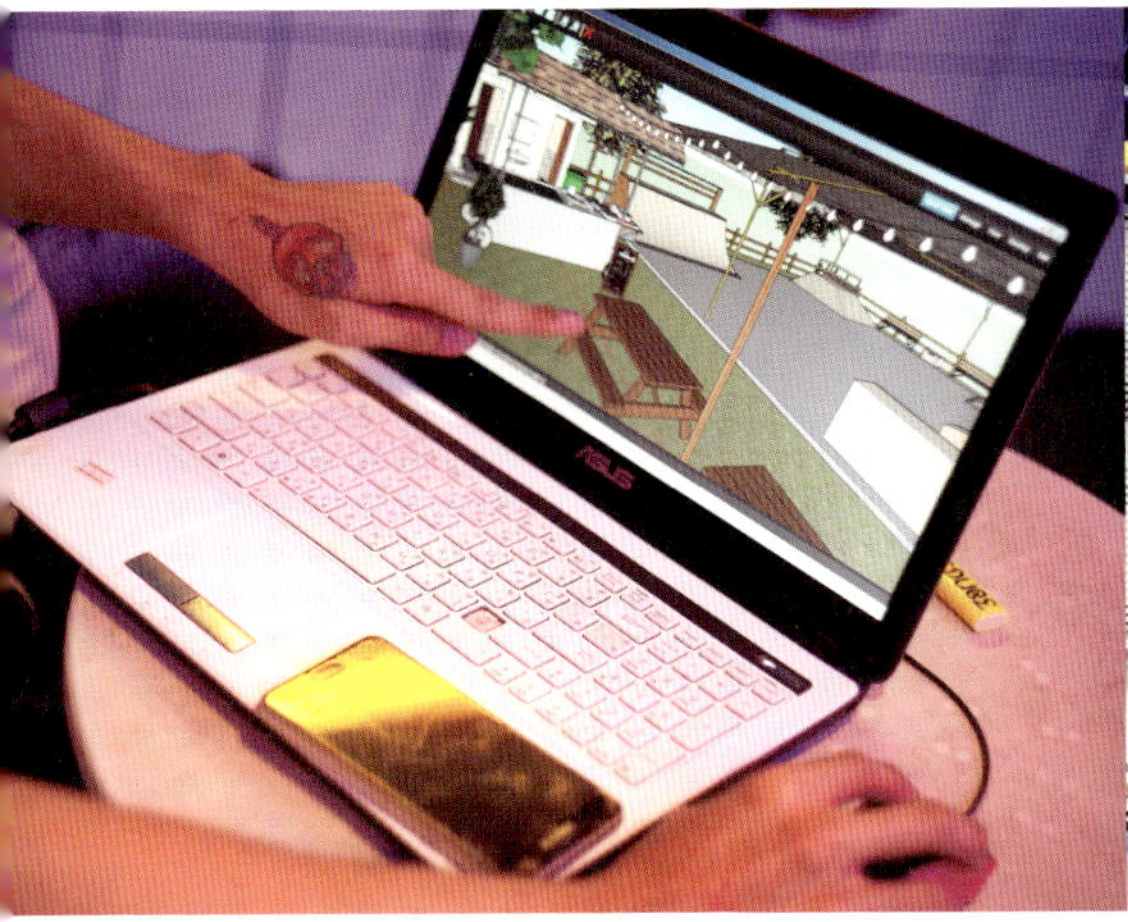

2.

1.

そういえばチェンマイの街であまりスケーターを見かけたことがない。チェンマイは暑いし、道の舗装も悪い。でも、どこで滑っているんだろう？ 友人からスケーターがやっているカフェがあると聞き、寄ってみた。店内に入ると、猫がふにゃりとくつろいでいて、壁にはスケートボードと雑誌から切り抜かれたスケート写真がたくさん飾ってある。店主のニックネームはトト。もちろん彼もスケーターで、猫のように物腰が柔らかい。

「2018年にこのカフェをオープンする前はバンコクでメディアの仕事をしていたよ。チェンマイに戻ってきて、ローカルのスケーターたちが集まれる場所、チェンマイを訪れる人たちがまた寄りたいって思ってくれるようなカフェが作りたかったんだ。チェンマイにはスケートスポットも多くないし、スケートパークもない。スケート事情はよくないけどスケーターたちはたくさんいるよ」

話を聞いているとスクーターに3ケツしたスケーターキッズがやってきた。仲間のようだ。「おなかすいてるよね？」トトがそう聞くとパンケーキやら食べ物がが出てきた。どうやらトトからのサービスのようだ。なんかいいな、懐の深さに少し驚く。この街はこうやってまわっているんだろうな。

翌日、バイクで街を走っていると雨が降ってきた。雨宿りにと再びカフェを訪れた。

「あのさ、昨日の話の続きなんだけれど、実は〝VIEW Skateboard Travel Magazine〟というフリーペーパーを作っているんだよね。スケートボードを通してチェンマイの街を紹介している雑誌なんだ。この特集ページは実際にスケートボードに乗りながら街を取材している。だから〝View〟という名前はスケートボードからの眺めとい

う意味。この街はスケートボードでまわるのにちょうどいい街だよ。暑くなければだけどね。記念すべき第一号目では僕が生まれ育った通り、ムーンムアン通りを紹介した。紹介したいお店やスポットを決めてカメラを提げてスケートボードでまわるんだよ。今作っているのは三号目。編集、ライター、カメラ、デザインすべて僕一人でやっているから大変だけど」

　そうやってトトが見せてくれたフリーペーパーのクオリティの高さに驚いた。これを一人で全部作っているの？「そう、でも一番大変なのはスポンサーを見つけることだよ。ほら、こうやって雑誌の中に広告スペースを作っているんだ。まだ一つも見つかっていないけど、このスペースがすべて埋まれば印刷所へまわせるんだ。もちろん広告集めも、できた雑誌をバイクで配ってまわるもの僕一人。大好きだから街とスケートのために何かしたくて、今はスケートパークを作るために街の議員と話して運動をしているところだよ。これはスケートパークの予想図。バスケットコートと同じ大きさで、日差しを避けられる屋根があるパークなんだ」。雨宿りで寄らなかったらトトのこの話は聞けなかったな。彼が作るフリーペーパーはスケートと街に対する愛にあふれている。そして街にスケートパークを作るための行動力。猫のような動きとスケーターのDIY精神。「Wakebakeskate Cafe」は彼の言うとおり、チェンマイに来たらまた寄りたくなるカフェだ。

1.

1.トトひとりで作ったフリーペーパーには彼のスケートボードとチェンマイへの愛が詰まっている。2,3.カフェに集まるローカルのキッズたち。わいわいと賑やかだ。4.手前のグレーのシャツがトト。チェンマイのスケート情報が知りたかったら是非カフェへ。

4.

10:00–20:00｜月曜日定休 fb.com/WakeBakeSkateCafe/

2. SKATEBOARD   27/3 City view condominium ,Chang Moi, Thapae Rd Soi 2, Mueang, Chiang Mai 50300 ♥ P156-M

MIT Skateboards

Skateboard manufacturer | Bangkok | Jody Ford and Ratthasart Nilsu (SUN)

Made in Thailandのスケートデッキ

ミット・スケートボード|スケートボード・マニュファクチャー（バンコク）
ジョディ・フォード、ラッタサート・ニルス（サン）| mitskateboards

1.

〈Wakebakeskate Cafe〉のトトがバンコクの郊外にスケートボードを作っている人たちがいると教えてくれた。なになに？タイでそんなことまでやっている人がいるの？ そんな情報を聞いたら行ってみるしかないじゃん。

到着したのは普通の住宅街。出迎えてくれたのは南アフリカ出身のジョディーとバンコク出身のサン。南アフリカからなぜタイへ？まずはそこから。

「18歳の時にスコットランドのホテルで仕事をしていたんだ。そこで働いていたのがタイから来ていた今の奥さんだったんだ」

なるほどね、だいたいそういう理由が多いよね。いいと思う。でもどうしてスケートボードを作ろうと思ったんだろう。

「僕たちは二人ともスケートが好きで、スケートスポットで出会ったんだ。ジョディーはタイに来て英語の教師をやっていて、僕は空港で働いていた。ある時にタイではスケートボードを作っている人がいないよね、という話になったんだ。それなら作ってみようって。初めは知識もないのに軽いノリで始めたんだよ。工場として使っているこの場所は昔僕が住んでいた家なんだ。まずはスケートボードを作るのにどんな機械や木材が必要なのかを調べることから始めて、プレス機を買ったんだ。あれは2015年のこと。当時、お互いの給料を出し合って完全折半で必要な機材を買い始めたよ。それから

2.

1.プレス機にかけられできあがった合板。2.デッキのシェイプのテンプレートも選べる。

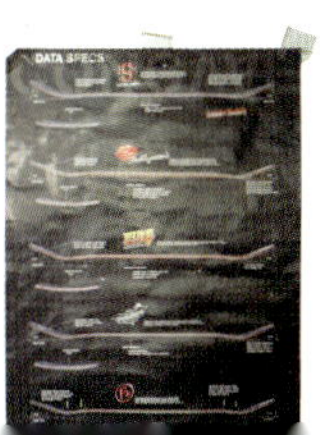

1.

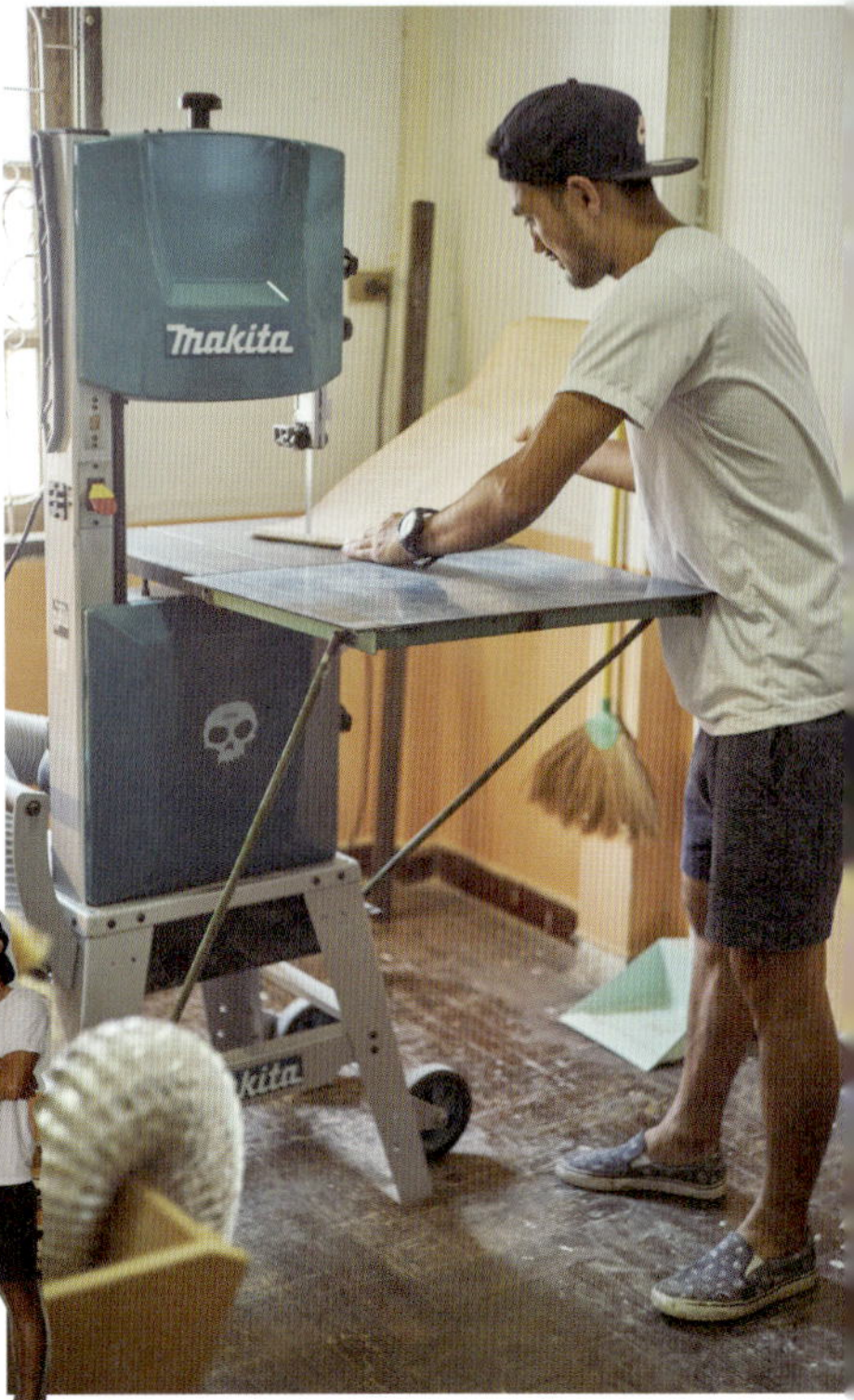

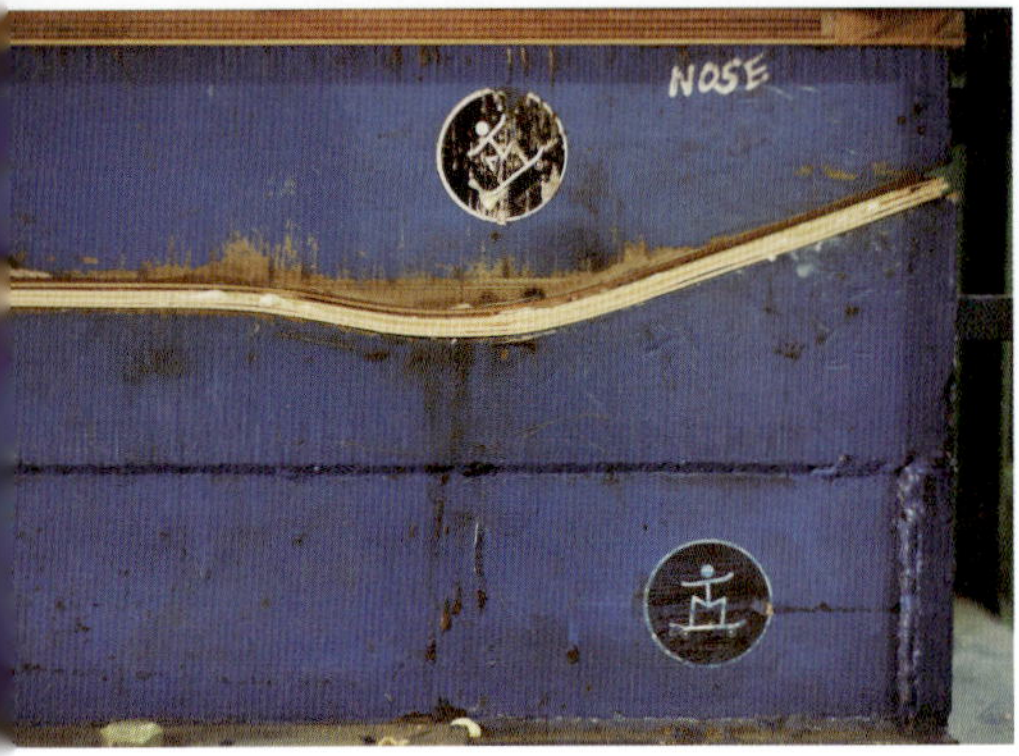

2.

1.様々なサイズのテンプレートに合わせてカット。2.ベニアをボンドで重ね合わせてプレス機にかけると合板ができる。プレスには2時間かかる。3.エッジも丸くなるように丁寧に手仕上げ。4.2人で動きやすいように配置された工場は居心地も抜群。

3.

4.

も機械を集めながら、試作品を何枚も作った。試作一号目のデッキは、滑り初めて10分で折れたんだ。これを本業にしようと空港の仕事を辞めたばかりだった僕はすごいショックだったよ。デッキの作り方なんて誰も教えてくれない。みんな企業秘密だからね。僕らもGoogleやYouTubeで調べながら試行錯誤したよ。失敗を繰り返すことが一番のヒントだった。商品として世に出せるものが完成するまで1年以上かかった。その間は試作品のボードに乗っていても、みんなには内緒にしていたんだ。自信を持って見せられるデッキができるまではかっこ悪いと思って。そうしてやっと販売できたのは2016年末。今はスケートブランドに卸したり、直接販売もしているよ。今のプレス機だと同時に2枚、プレスが終わるのに2時間かかるから、1日に10枚作るのが限界。特殊なボンドと熱を加えながらプレスする機械だと30分でできるらしいから、近いうちにそのプレス機が欲しいね。デッキのプリントもここでできるんだ」

スケートボードを作りたいという気持ちだけで、ここまで成し遂げた彼らに驚いた。M-Tとは〝Made in Thailand〟の頭文字。タイ語でフレンドシップという意味もあるそうだ。

「スケートスポットで僕らが作ったデッキで滑っている人を見るととても嬉しいよ。あれは5日前に作ったボードだ、ってわかるよ。子供たちにとってはスケートボードは安くないから、なるべく子供でも買うことができるような値段にしている。僕は12歳でスケートボードを始めた。今でもそれに携わって生活しているし、僕たちが作ったスケートボードに乗って喜んでくれている姿を見るのがこんなに幸せだなんてね。僕らはスケートブランドじゃない。ただクオリティの高いボードを作り続けたいだけなんだ」

SKATE SPOTS

Spots | Bangkok

バンコク、どこで滑ろうか？

スケートスポット（バンコク）

バンコクの年間平均気温は約33度。夏にあたる4〜5月になると36度まで上がる。こんなに暑い中でタイのスケーターはいつスケートしているの？ 暑くないの？ いいや、みんな暑い中スケートしているんだよね。だけど集まってくるのは暑さが緩む夕方から。

昔からあるバンコクを代表するスケートスポットを二つ紹介したい。一つ目はチャオプラヤー川にかかるラーマ8世橋の橋の下。バンコクの中心地からだと橋を渡った反対側だ。ボックスなども置かれている。もう一つはプロンポン駅前にあるベンジャシリ公園内にあるスケートパーク。公園の奥にあるスケートパークだけれど基本的にフラットにレールやボックスが置かれているだけ。アクセスもよく夕方以降になるとローカルのスケーターが集まる。昼間は写真のとおり誰もいないことがほとんど。

ラーマ8世橋下
Rama VIII Rd, Wat Sam Phraya, Phra Nakhon,
Krung Thep Maha Nakhon 10700 P155-I

ベンジャシリ公園
Sukhumvit 22-24 Khlong Tan,
Khlong Toei, Bangkok 10110 P154-F

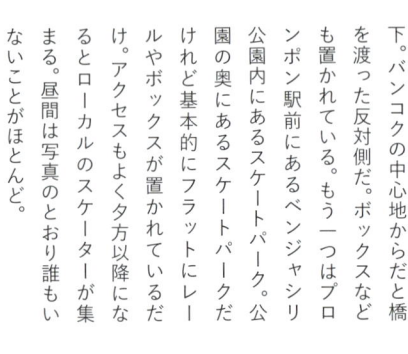

Kid Skate Shop

Skate shop | Chiang Mai

タイのスケートブランドも充実

キッド・スケート・ショップ | スケートショップ（チェンマイ）
kidskateshop

チェンマイの数少ないスケートショップのうちの一つ。〈Pre-duce〉の商品はもちろん、タイのドメスティックブランドのデッキやアパレルなども多く揃えているのでチェックしてみると面白い。市内からピン川を渡り、ケーオナワラット通りをクルマで数分走ったところにありアクセスも良く、プッシュでもいけちゃう。スケートスポットや地元でしか観られないライブやイベント情報などもいろいろと教えてくれる。

212/3 kaeonawarat Rd, Wat Ket Subdistrict, Mueang, Chiang Mai　P156-K　11:00–20:00 | 日曜日定休　fb.com/kidskateshop01/

Skate Cafe & Bar

Cafe bar | Bangkok

夜中の1時まで飲んだり滑ったり

スケート・カフェ＆バー | カフェバー（バンコク）

BTSラチャテウィー駅の目の前、レストランやカフェ、バーが立ち並ぶココウォーク内のカフェバー。食事をしたり、飲みに来たり、音楽を演奏していたりと賑やか。店内にはミニランプがあり自由に滑ることができる。ランプはちょっと癖あり。どこかで食事をした帰りに飲みたい時、夜遊びの帰り、スケートの帰り、夜中の1時まで営業しているから気軽に立ち寄れる。

294/14 Phayathai Rd, Thanon Phetchaburi, Ratchathewi, Bangkok 10400　P155-G　17:00–1:00 | 月曜日定休　fb.com/skatecafebangkok/

今日のアロイ（2/5）

タイのラーメン、クイッティアオとは米麺で、それに
細麺、普通、太麺その他にバミーと呼ばれる中華麺もある。
スープの美味しいラーメン屋はヘーンと呼ばれる
汁なしも美味しいという法則あり。バンコクとチェンマイの
美味しいラーメン屋対決。バミーを汁なしで食べ比べ。

●ターミナル21内ピア21 フードコート（バンコク）

バンコク代表はアソーク駅と直結しているモール、ターミナル21。その5階にあるフードコート、ピア21。クイッティアオ屋のバーミーヘーン。汁なしだけれど頼むとサイドにスープもつけてくれる。比較的あっさり味、具と一緒に食べると美味しい。40バーツ。まずは専用のカウンターでプリペイドカードを購入し、そのカードで支払いを。残高は返金してくる。

88 Soi Sukhumvit 19, Khlong Toei Nuea, Watthana, Bangkok 10110 P154-F 10:00-22:00 | 不定休 http://www.terminal21.co.th/

●ロットヌン（チェンマイ）

チェンマイを訪れたらすぐに食べたい。味一番という名のクイッティアオ屋。ここのスープは絶品。だからあえて汁なしも食べたい。汁がない分、その味の良いところがはっきりと分かる（と思う）。さっき食べたけど、また食べたくなる味。60バーツ。

Charoen Prathet Rd, Tambon Chang Moi, Mueang Chiang Mai District, Chiang Mai 50100 📍P156-M 🕒7:00-22:00｜不定休

3

MUSIC

Thailand is grooving

イサーン地方の伝統音楽モーラムからヒップホップまで。
タイの音楽の歴史を大切にする人たち。
みんなが微笑み続けているのはそこに音楽があるから。

Photo: Maruo Kono

Soi48

DJ | Tokyo

モーラムに魅せられた二人

ソイ48 | DJ（東京）

Soi48 | 宇都木景一（左）&高木紳介（右）からなるユニット。EM Recordsよりタイ音楽の再発、映画『バンコクナイツ』（2016）の音楽監修や『爆音映画祭2016 特集タイ|イサーン』の主催も手がける。「Soi48」という世界各国の音楽を紹介するイベントを新宿にて不定期開催中。現在もタイへは頻繁に足を運び、音楽の発掘を続けている。モーラムからタイのヒップホップやサイヨーまでジャンルを問わず様々な音楽を掘るOMK（ワンメコン）としても活動する。

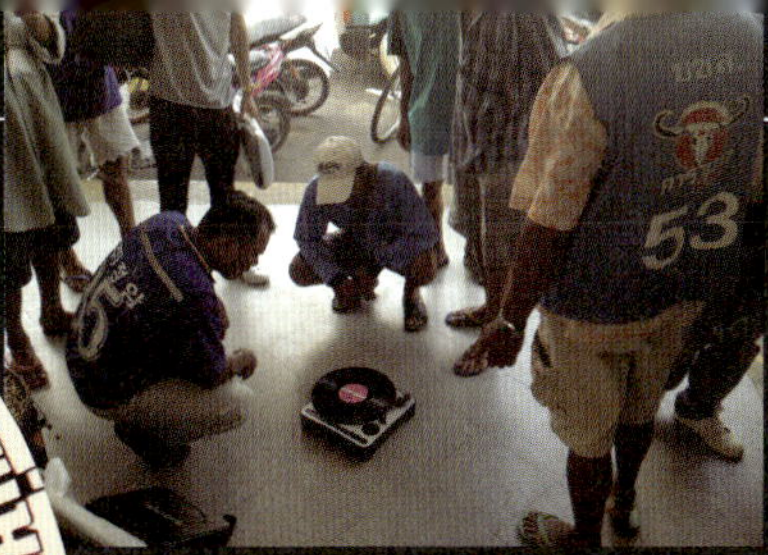

1.

2.

1.2. 見つけたレコードをその場で視聴するために彼らの旅にはポータブルレコードプレーヤーは必需品。3. タイの人間国宝級と言われているモーラム歌手、アンカナーン・クンチャイさん。日本にてライブを企画した。

街にいるといろいろなところから大ボリュームで音楽が聞こえてくる。平日から盛り上がるクラブ、モールや広場で行われているイベントでも必ずバンド演奏や踊っている人がいる。タイの音楽をもっと知りたいと思った時にモーラムという音楽と出会った。タイ、イサーン地方とメコン川を挟んだラオスに伝わる伝統音楽だ。ケーンという竹でできた管楽器やピンという弦楽器を使った伴奏と、裏声を使ったボーカルが特徴。スピーカーから流れてきたそのモーラムはあまりにもグルーヴィーで、やっぱり民謡っぽいし、でもズンドコ低音がお腹に響く。その歌声はツンッと張ってみたりヒラリと返したり美しく、でもずっと聴いているとラップみたいだし。とにかくよく言われるアジアの民謡音楽というものとはまったく違っていた。タイ人の音楽好き、ダンス好きはその歴史にモーラムのような音楽があったからではないかな?と思った。そんなことをもやもや考え始めた頃に、モーラム音楽についてまとめた本『旅するタイ・イサーン音楽ディスク・ガイド』が出版された。その本を作ったのがSoi48の宇都木景一さんと高木紳介さん。DJユニットを組みモーラムなどタイ音楽に関連したイベントなども定期的に開いている。タイ、イサーン地方の音楽モーラムについて話を聞くならタイ人を含めたとしてもSoi48しかいない。そんな二人がいつもイベントを開催している新宿歌舞伎町にあるBE-WAVEで会った。

宇都木「イサーンは田舎で楽しむところが少ない場所。モーラムはそんな土地の娯楽として人気の音楽なんですよね。モーラムのモーは達人、ラムは抑揚をつけて語る芸能、という意味なんです。抑揚をつけて語る芸能の達人。モーラムで大切なのは声なんです」

高木「モーラムはイサーン人にとって魂みたいなものなんです。選挙でも政策をモーラムで歌いながら活動するくらいイサーン人にとって生活に密着した音楽なんです。モーラムが流れ出したら踊らずにはいられないのがイサーン人、中央のタイ人も聞く人はいるけれ

3.

ホテルに帰って収穫を整理する至福の一時。

ど思い入れが違う」

モーラムにのめり込む前はテクノが大好きだった二人、ドイツやヨーロッパのクラブ巡りをしていた彼らが一転、タイに通いレコードを探すようになった。

高木「タイ音楽を聴くようになる前は、二人でヨーロッパに通いまくってゴリゴリのテクノを聴いていました。2006年くらいに良く聴いていたドイツのDJクルーがタイでテクノイベントをやるというので、僕らも彼らを追いかけバンコクとパンガン島に行ったんです。バンコクでタクシーに乗った時、運転手が流していた音楽がモーラムだったんです。テクノみたいだし、ループ音楽なんですよね。初めて聴いてかっこいい、って思いました」

宇都木「生演奏なのに完全にダンスミュージック。それまで聴いていたテクノと同じ要素がモーラムには入っていたんです。シンセサイザーだったらケーン。低音も出ているし、レゲエっぽいベースラインも。それだけでもかっこいいのにラム自体もすごく良い。そうやってモーラムに魅了されて、レコードを探しにタイへ通うことになったんです」

まずバンコクへ行った二人、しかしレコードをみつけることができずに終わる。それはのちに今彼らがやっていることの大きなきっかけとなる。

高木「チャイナタウンにあるレコード屋に行ったんですけれど、僕たちが行った時、いいモーラムのレコードは買われてしまっていてなかったんです。掘り尽くされていました。当時チャイナタウンにあった4店のレコード屋の在庫、すべて見ました。朝から晩まで何日も通って、途中店番もしたりして。結果バンコクには良いモーラムのレコードは安く落ちていないと言うことがわかったのが大きな収穫でした（笑）」

宇都木「イサーンの音楽なんだから、イサーンへ行くことにしたんですよ。タイをリスペクトしているとちゃんと天から蜘蛛の糸が降りてくるんですよね。オレはそういうの信じていて。トゥクトゥクの運転手さんが『タイで有名なモーラム歌手、アンカナーン・クンチャイの家知っているよ、連れて行こうか』?って。キタッ!って。ヒーローに会えてサインももらえて。みんなリア充だからご飯にも連れて行ってもらえたり。レコード屋へ行ったりラジオ局を訪れたり。バンコクでレコード掘っているより全然充実した旅ができたんです」

いつの間にかレコードを探すことだけが目的ではなくなり、レコードを探す旅をすることを楽しむようになった二人。

高木「ガイドブック見ると分かるんですけれど、イサーンのページって薄いんです。情報がないのがドラクエみたいで楽しいんです。レ

Photo: Soi48(P073-075)

コード屋はないけどラジオ局があるから行ってみよう！みたいな」。

そうやってできた「旅するタイ・イサーン音楽ディスク・ガイド」。歌手のインタビューや旅のこぼれ話などが織り交ぜられ まるでタイ・イサーンを旅した気分になれる。それは彼らがただバンコクでレコードを掘っているだけだったら経験できなかったことが詰まっている。

宇都木「タイ音楽の独立を考えているんです。タイの音楽はワールドミュージックっていうジャンルの棚に分けられるんです。ざっくり言うとその他。欧米から見た分け方なんですよ。キューバやブラジルの音楽はその棚から独立したんです。プロデューサー、バンド、歌手もいるのに、このアジアの感じがいいね、ってざっくりくくられちゃったり。僕たちは欧米の文化で育っていて、今でも好きなんです。その欧米の音楽と同等に、当たり前のようにタイ音楽が語られる時代が来て欲しい。みんなにもモーラムやタイ音楽の魅力を知ってもらいたいと思っています」

好きな音楽をとことん追究していくSoi48。自分たちなりにその良さや価値観をしっかりと定めているところが良いと思うし、なにしろ音楽を通してタイ・イサーンの旅をしっかりと楽しんでいる。

二人はいまYoung-G、MMMたちと一緒にOMK（ワンメコン）という名義で今タイや東南アジアで大流行しているラップ、タイのEDM、サイヨー、さまざまな音楽を掘り起こす活動やイベントなども行っている。興味のあることに力を惜しみなくそそぎ込む彼らの姿は見ていて気持ちが良い。

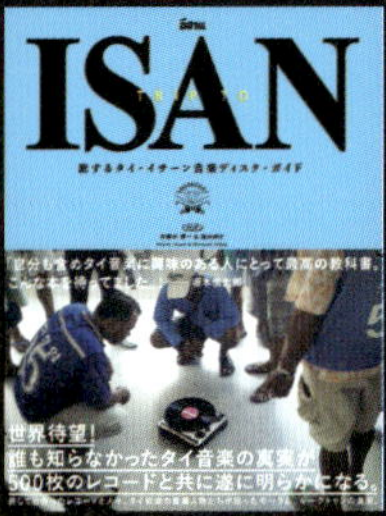

『旅するタイ・イサーン音楽ディスク・ガイド TRIP TO ISAN』
Soi48、2017年、DU BOOKS

メコン川も美しいが、どこまでも続くようなイサーンの空も最高だ。

Juu & G.Jee

Musician | Bangkok • Khon Kaen

イサーンに牧場を作るのが夢

ジュー、ジージェー
ミュージシャン（バンコク・コーンケーン） | juu.f.o

レゲエとヒップホップがミックスされたような音楽。パンクっぽい格好をしていたり。YouTubeでJuuを初めて見たときは印象的だった。Soi48のイベントで愛弟子G.Jeeとのライブは今までに見たことのないパフォーマンスで一気にファンになった。それからしばらくしてバンコク、プラナコーンエリアの街角でギターを修理しに来ていたJuuとG.Jeeを見かけ思わず声をかける。ファンだと伝えると、にこやかにワイをしてくれ、翌日に再び話を聞かせてもらえることになった。待ち合わせ場所がお寺なんていいね。まず神様に手を合わせてから境内で話しを聞いた。

「初めて聞いたラップはクリス・クロス。ジーンズを後ろ前逆に履いてジャンプしている姿はかっこよかった。お父さんはミュージシャンでギターを弾いていて、ジミ・ヘンドリックスとかが好きだった。彼のギターに合わせてラップしたのを覚えている。パンクのランシドやスーサイダル・テンデンシーズ、それからケミカル・ブラザーズとかも聴いていたよ。聴くのも作る音楽もジャンルにとらわれないんだ」

今はバンコクを離れイサーンの田舎に暮らしているという。

「4E Rastafariというグループでもラップをしているんだ。〝4E〟は4 elementsという意味で、土、風、火、水、すべて地球に属していることを意味している。それはラスタファリズムでもあるし、そのシンプルな考え方が仏教とも似ているんだ。政治だったりバイオレンスだったり、生活苦だったり、今僕らのまわりにはいろいろな問題がある。そんな問題提起とそれが良い方向になることを歌にしているんだ。生活をもっとシンプルにしたい。将来はイサーンに農場を作りたいんだ。仕事がない人もそこで働くことができたり、ご飯を食べることができる場所。動物たちとも一緒に暮らせる場所を作るのが夢だよ」

Maft Sai

DJ / Producer / Founder of zudrangma records / Studio lam

タイ音楽を新しいカタチで

マフト・サイ｜DJ etc.（バンコク）｜maftsai

モーラムのレコードをかけるMaft Sai。竹を使ってオリジナルで作ったというヘッドホンがタイらしい。

日本人にもよく知られているバンコクのトンローエリア。スクンビット通りのSoi 51に「Studio Lam」というバーがある。友人が良い音楽が流れるバーがあるよと連れて行ってくれた。ジャズやラテン、アフリカンミュージック、そしてモーラムまでさまざまな音楽が流れ、ヤードンというタイの薬酒が飲める。バンコクへ行くなら「RCA（Royal City Avenue）」と呼ばれている大箱クラブが何件も建ち並ぶエリアに行くのも面白い。平日から賑わいタイのクラブシーンを肌で感じることができる。今夜はゆっくり、良い音楽を聴きながら飲みたいねという時は「Studio Lam」が良い。この店から数件先に「ZudRangMa Records」というレコード屋があり、この2店は同じ人物、マフト・サイが経営している。DJ、レコードレーベル、イベントオーガナイザー、バンド、プロデューサーとマルチに活動する彼の両店には世界中の音楽好きやDJたちが彼を訪ねてやってくる。

「今は『ZudRangMa Records』、『Studio Lam』、そして店と店の間に新しく『SaNgaa Beef Noodles』というビーフヌードル屋も始めたんだ。他にも「Paradise Bangkok」というレーベルとイベント、バンド「The Paradise Bangkok Molam International Band」もやっているんだ。イサーン地方のモーラムに、ジャズやラテンなどさまざまなリズムやエッセンスを加えたインストゥルメンタルバンドで、モーラムの音楽では定番のピンやケーンの音と共に現代の音を融合させた音楽なんだ。「Studio Lam」は2015年にオープンしたよ。自分達のパーティーをするのに場所が必要だった。タイでは商業的な音楽で溢れていて、アンダーグラウンドの音楽をやっている人たちが演奏できる場所が少なかったんだ。そんなミュージシャンたちをサポートする場所を提供したかった。〝Lam〟とはイサーンでは〝語り、歌〟、バンコクでは〝踊る〟、チェンマイでは〝美味しい〟というふうにそれぞれ意味が違うんだ。だから「Studio Lam」は歌って踊って美味しい!という意味で名付けたよ。レコード屋はモーラム、ルークトゥン、タイファンクを初め、世界中の音楽を扱っているんだ」

　マフト・サイはバンコクで生まれ、オーストラリア、ロンドンに住んでいたこともある。帰国後、自分の国を俯瞰して見ることによりタイ音楽を新しい視点で再認識することができた。

「ロンドンに住んでいる時はエレクトロニックとかシカゴ、デトロイトのハウスとか。あとディスコ、ソウル、ジャズ、ファンク、それからアフリカの音楽に辿り着いた。トニー・アレンとかすごくグルーヴィーで、そこからナイジェリア、セネガル、ガーナ、ケニア、エチオ

Maft Saiがサポートする若手のモーラムインストバンドToom Turn Molam Group。

ピア、モロッコいろいろな音楽を聴きまくった。バンコクに戻り、チャイナタウンのレコード屋でルークトゥンとモーラムに出会ったんだ。ルークトゥンはビートやホーンの音色がエチオピアの音楽に、モーラムはピンの弾き方とギターの弾き方、メロディーが西アフリカ、マリの音楽に似ていると思ったんだ。モーラムは語りだから本来ケーンと歌い手だけの音楽だった。60年代初期には30〜40人くらいの大きなバンド編成で歌うようになった。70年代になりイサーン地方にあった米軍基地からドラムやギターなど西洋楽器が入ってきたんだ。地元の人はそれらの新しい楽器を使って独自のラインを作り始めるんだ。近代的なモーラムが出来はじめた。80年代に入るとドラムマシーンを使う曲も出てきた。業界では大きなレーベルも誕生しビジネス要素が強くなり、クリエイティビティは失われていったんだ。80年代以降は売れるとわ

Studio Lam

studiolambangkok

3/1 Sukhumvit 51, Klongeon-Nua, Bangkok 10110 154-F 18:00-late｜月曜日定休
fb.com/studiolambangkok/

Maft Saiお勧めレコード。ジャケットも鮮やか。

かるとみんなが一斉に似た曲をだしたり、90年代は歌唱力より、歌手のルックスが重視され、音楽から離れてエンターテイメント性が強くなっていった。そういった時代背景も面白いと思うんだよね。いろいろ一気に話したけれど、今はね、タイ・イスラムの音楽を良く聴いているんだ。タイの南部の音楽で、マレーシアやインドネシアの音楽に影響を受けているんだ。マレーシアはイエメンやインドネシアの音楽とか中東から影響を受けている。コーヒー貿易が盛んだった時にイスラム教徒がマレーシアやインドネシアにコーヒーを持ってきて、それがタイ南部にも入ってきたんだよね。イスラム教のセレモニーなどでも演奏するような音楽だよ。音楽への興味は尽きないね。聴く場所も、レコード屋やイベントも、もちろんバンドとしてプレーすることも。これからも様々な音楽を聴き、そして演奏し続けたいと思っているよ」

ZudRangMa Records

zudrangmarecords

51 Sukhumvit Rd, Khlong Tan Nuea, Watthana, Bangkok 10110 154-F
水–日:12:00–20:00｜月–火定休
http://www.zudrangmarecords.com

Sanim Yok

Musician | Chiang Mai

ミュージシャンとしての人生が好き

サニムヨック｜ミュージシャン（チェンマイ）

Isarakorn Tuntrakool (Jan) : Vocals, Guitar / Satapat Chatseerung (Yong) : Lead Vocal, Guitar / Sanchai Chaiyanan (Pae) : Bass Guitar / Makabut Sornkom (Let) : Drums

チェンマイの旧市街、その一角にバーやライブハウスの集まるエリアがある。そこでチェンマイ出身のロックバンドSanim Yokのライブがあるというので行ってみた。高校の同級生同士でパンクバンドとして始まったという。彼らは、今やブルース、フォーク、レゲエいろいろなジャンルの曲を演奏し、客を盛り上げる。演奏が終わると凄い勢いでそれぞれの楽器を片付けバーを後にする。挨拶もそこそこにリーダーでギター担当のJanの白いジムニーに乗り込み、夜のチェンマイを猛スピードで走り出した。「今夜はギグが二つ入っているから急がないと」。年季の入ったジムニーはガタガタと揺れながら目的地のレストランへ向かう。バンドを4つも掛け持ちしているドラマーのLetは別のバンドのライブがあるため、次のギグはドラム不在のセットだという。2回目のライブは弾き語りのようなセットでそれもまたかっこよかった。「高校の時にパンクバンドから始まったんだけど、いろいろな音楽を聴くようになって今の形になったんだ。カバーソングも演奏するけれど、オリジナルの曲もたくさん作っている。日常のこと、フリーダム、タイのこと。鳥は空を自由に飛んでいるのに、人間はまだ地面を這いつくばっている。もっともっと良い世界になればいいという思いで歌い続けているんだ」。リーダーのJanは夢をこう語ってくれた。「俺たちは週に4日はライブをやっているんだ。とても忙しいよ。だけどミュージシャンとしての人生が好き。すごく有名になりたいとは思わないけれど、良い生活ができたら良いなって思うんだ。ミュージシャンとして家族やオレを育ててくれた親父を尊敬している。今はYouTubeやInstagramで自分たちの音楽を配信できるから、タイのアンダーグラウンドシーンはとても盛り上がっている。これからもどんどん良くなると思うよ」

Photo: Maruo Kono

Photo: Maruo Kono

グラフィティライターとしても活躍するベースのPae。

Yellow Fang

Musician | Bangkok

日常にある特別なストーリーを歌に

イエローファン | ミュージシャン（バンコク） | yellowfangband

写真右から、Pimporn Metchanun（Pang）-guitar, vocals, Praewa Chirapravati Na Ayudhya-drums, vocals, Piyamas Muenprasertdee（Pym）-bass, vocals

Photo: Maruo Kono

もう7年前。歩道には揚げ物を売る屋台、プラスチック製のカラフルな日用品を売る出店が並ぶ一角でガールズロックバンド、Yellow Fangに出会った。彼女たち自身が自然でリアルに表現されているステージはかっこいい。そして柔らかな声の奥にはしっかりと主張したメッセージがある。彼女たちと話をした後、何気なく見えているこの街の風景の中には特別なストーリーがたくさんあるんだなと思ったのを覚えている。

「最近はね、ギターやドラムの代わりにシンセサイザーとかドラムパッドを試しているわ。エフェクトをかけたり、いろんなトライをしているの。私たちが歌っている内容は誰もが考えているような日常的なこと。毎日の生活や友だち、愛のこと。私たちはそれを自分たちの言葉で表現したいの。愛を愛とは歌わない。私たちがそのときに感じたことを言葉にするから、歌詞を聴いただけではわからないかもしれない。でもそれが私たちにとって自然な表現方法なの」

　彼女たちのファッションや生き方に共感するファンも多い。「最近はヒップホップをよく聴くわ。ある企画で「Young Bong」というヒップホップグループとお互いの曲をカバーし合ったことがあったの。以前一緒にライブをしたことがあって彼らの客の盛り上げ方がとてもかっこ良かった。いろいろな音楽が受け入れられるようになってきていると思う。レゲエやEDMもそのうちのひとつ。タイ

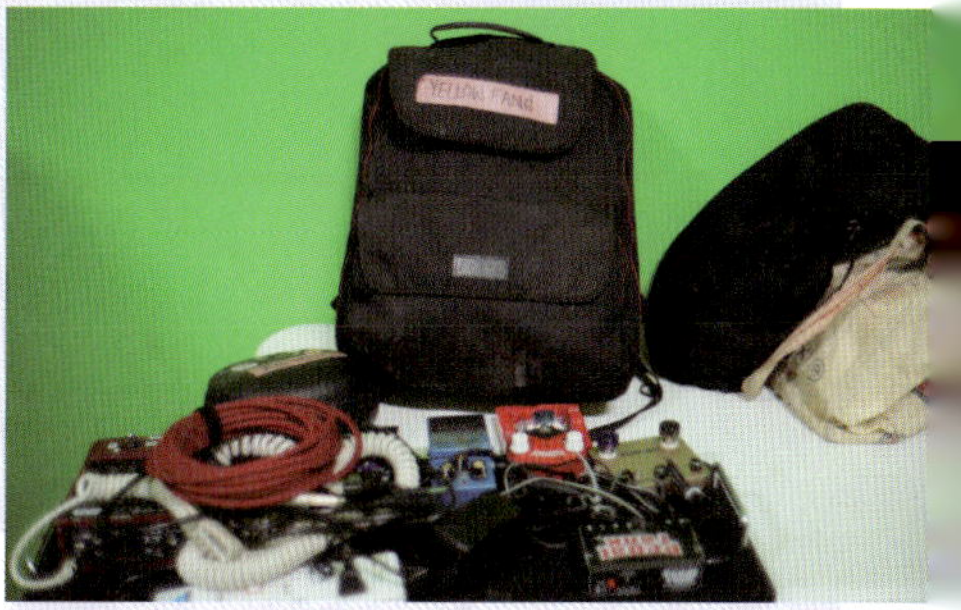

はダンスホール文化があるから踊れる曲が特に人気。バンドを組んで12年。これから2枚目のフルアルバムを出したいと思っているわ。これまでとおり、日常で考えていることや感じていること。ついつい目の前のことに必死になってしまうけれど、もっともっと先のことも考える必要があると思っているから、そういうことも歌にしたい。どんなことでも自分たちが感じたことを言葉にして、しっかりと伝えたいと思っているの」

Isan Lamsing2

Pub Restaurant | Bangkok

バンコクで
イサーンの夜を体験

イサーン・ラムシン2 | パブレストラン（バンコク）

イサーンに行かなくてもその雰囲気が味わえる。「Isan Lamsing2」は舞台を見ながらお酒や食事を楽しむ場所。ラムシンとはそもそも娯楽音楽として広まったモーラムに、さらにエンターテイメント性を強めた舞台。ハイテンションな音楽と、ド派手な衣装のダンサーやモーラム歌手が入れ替わり立ち替わり歌うエンターテイメント。イサーンディスコとも呼ばれている。営業時間が変更になる場合があるので行く前に要チェックです。

57/5 Phet Phra Ram Rd, (Soi Rong Pu), Khlong Tan,
Bang Kapi Subdistrict, Huai Khwang, Bangkok 10310
P154-C 21:30-4:00 fb.com/iSanLamSing/

MOLAM

Entertament

歌って、踊って、飲んで、おひねり

空き地や広場に仮設舞台を組み立て、何十人という楽団員が歌って踊るモーラム楽団。バンコクで開催されるというので行ってみた。野外会場内に入るとド派手な衣装と化粧をしたダンサーや歌手が爆音で歌い踊っている。お客さんも子どもから高齢者まで踊りまくり、飲みまくる。現地でしか見られないすごい舞台。開催スケジュールなど現地付近の看板を見つけるか、モーラムファンクラブなどで検索するのがオススメ。

ルークトゥン・モーラム楽団
エンターテイメント

Young G

Producer, Musician (stillichimiya/OMK) | Yamanashi

ルークトゥンと山梨

ヤングG｜プロデューサー／ミュージシャン／スティルイチミヤ／ワンメコン（山梨）

タイ・イサーンの音楽、モーラムを調べたくてYouTubeで音楽をあさる。関連動画を辿っていると、モーラム歌手・アンカナーン・クンチャイさんからいつの間にかレゲエやヒップホップになっていく。Juuという独特な容姿と歌い方をするレゲエ、ヒップホップアーティストに目がとまる。彼の動画を気にして見ていたまさにその時、山梨のヒップホップグループstillichimiyaのヤングGさんとSoi48がそのJuuを日本に呼んでライブをするという。YouTubeの中でしか存在しないと思っていたJuuが新宿歌舞伎町に現れた。しばらくして今度はヤングGさんとJuuがアルバム「ニュー・ルークトゥン」をリリースした。

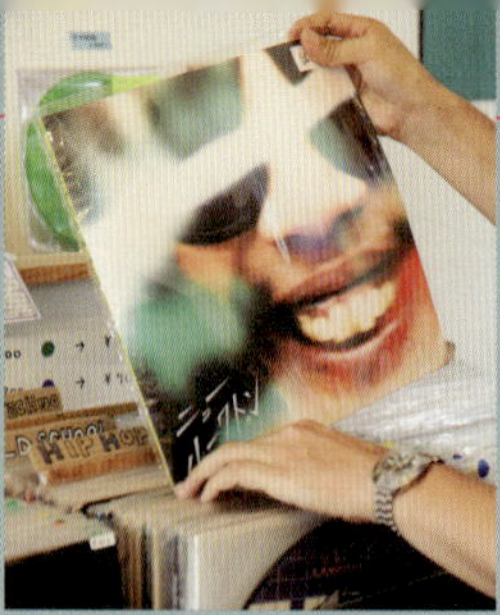

New Luk Thung／ニュー・ルークトゥン
Juu & G.Jee　Young G (stillichimiya/OMK)、2018 (EM RECORDS)

映像制作集団、空族の富田監督が2016年に製作した映画『バンコクナイツ』の制作に録音スタッフとして参加、4ヶ月間タイに滞在したヤングGさん。現地にて本格的にタイ音楽にのめり込んでいった。「『バンコクナイツ』の音楽監修をSoi48がやっていて、彼らともその時に仲良くなったんです。もともと興味があったタイの音楽をもっと深く知ることができた。タイ語もその時に勉強しました。現地のタイ語だけの情報って日本にはぜんぜん入ってこない。撮影が終わってから1年間タイに住むことにしたんです。たとえばアメリカのヒップホップのベースにはソウルとかファンクがあってネタにもなっていて、ヒップホップになっています。タイヒップホップの元になっているのはタイの古い音楽、モーラムやルークトゥン、ラ

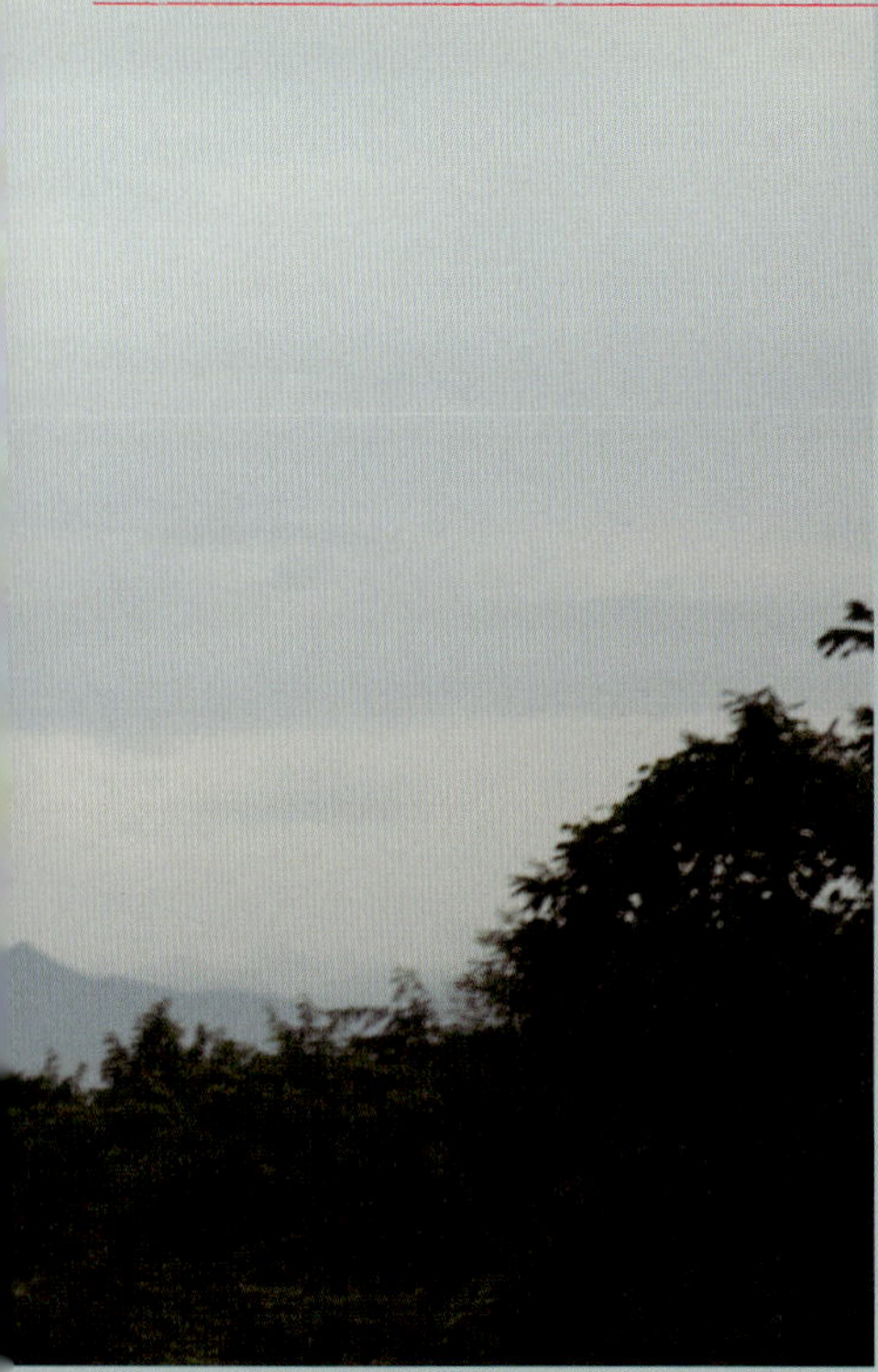

Young G｜山梨県一宮町を拠点に活動するstillichimiyaのプロデューサー、MC、サウンドエンジニアとして活動。田我流、NORIKIYO、鎮座DOPENESSなどの作品プロデュース、リミックスも手がけている。そのほか、日本で流通しないアジア圏のHIPHOPアーティストの招聘や普及活動も展開。最近ではMMM、Soi48と共にOMK（ワンメコン）としても活動。アンダーグラウンドのヒップホップやクラブミュージックなど地上に出てこない侵入調査している。

Photo: Maruo Kono(P88-89)

ムウォンというものであることを知ったのです。それを知るとさらにタイのヒップホップとの関係がよく分かるようになりました。音を聴くだけですぐにそのタイのサウンドに影響を受けているヒップホップだと分かるんです。やっぱりヒップホップとモーラム・ルークトゥン、両方聴いていないと理解できないことがある。モーラムやルークトゥンは海外の音楽に影響を受けずにアップデートされてきた音楽なんですよね。それの大きな理由の一つに、タイは植民地になっていないということがあると思います」。なるほど、YouTubeでモーラムからヒップホップに繋がっていくにはちゃんとした理由があったんですね。「ルークトゥンという音楽は田舎者というジャンルの音楽なんです。歌詞に田舎というキーワードが歌われていると、それがダンスミュージックだろうとなんだろうとルークトゥンになる。逆にどんなスタイルでも取り

入れられる音楽。僕も山梨でstillichimiyaというヒップホップグループをやっているつもりだったんですが、地元のことを歌っているのでタイだとルークトゥンアーティストなんですよね。これは無視できないなと思って。タイでJuuさんの音楽を聴いた時に、その音楽性がすでに新しいルークトゥンだったんです。ヒップホップ、レゲエ、ラムウォンいろいろな音をミックスしているんです。こ

『バンコクナイツ』の撮影で4ヶ月タイに滞在した後、再びタイを訪れ1年間住むことを決めた。タイ在住中にラッパーJuuとの出会い、イサーンやタイ周辺国を訪れ、さらに深くタイ音楽や文化を学んだ。

の人だったら僕が考えていることを理解してくれるんじゃないかなって思って。古いルークトゥンやモーラムの話をしたらすぐに意気投合して。いろいろ混ぜてしまうんだけれど、出てくる音楽はとてもタイらしい。ルークトゥンそのものの姿勢なんですよね。はじめは分からなかったんですが、歌詞もすごく良いんです」

　今タイではヒップホップが大ブーム。テレビ番組でもフリースタイルバトルやラップに関係した番組がいくつもあるし、ラッパーが起用された広告が街のいたるところにある。「日本のヒップホップ

シーンとの違いは、音楽全体にも言えることなんですが、メジャーとアンダーグランドに溝がないんですよね。〝Thaitanium〟というとてもコアなことをやっているヒップホップグループがいるんですが、アンダーグランドの人たちからもちゃんと支持を受けているんです。でも彼らはタイではメジャーで日本でいうジャニーズのように市民権を得ている。日本でフリースタイルバトルとかアンダーグラウンドでやっている人は、ヒットチャートに出てくるメジャーな人たちと交わることって少ないですから。タイのシーンは一つの理想形だと思います。そして聴く人たちの受け皿も大きいん

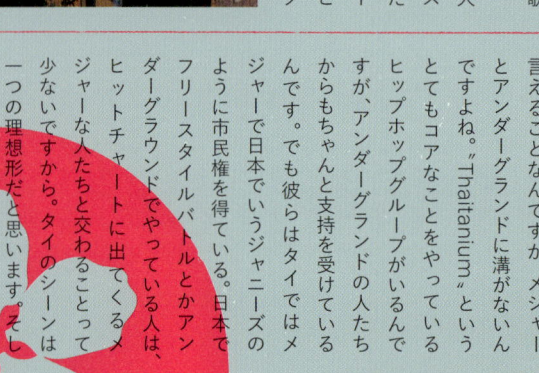

ですよね」

まるでレコードを掘り続けるように、興味ある音楽や文化を納得しながら掘り下げていく姿勢がすごく良い。今注目している音楽は？

「エレクトリックダンスミュージック、EDMってあるじゃないですか？　タイではサイヨーという音楽があって、タイで言うEDMなんですが、本家のEDMより人気なんです。違いはサイヨーにはタイの昔からあるサムチャーというリズムが入っている。〝サム〟はタイ語で3という意味。ラテンのチャチャチャなんです。40-50年代のタイでラムウォンとラテンの音楽をミックスさせたものがサムチャーとして生まれました。昔から馴染みのある音だからタイ人はみんな大好きで。外国人の僕たちが聞くとEDMなんですけれどすごく親しみやすい。その

親しみやすい音ってサムチャーのリズムなんです。それがサバイ（サバイ＝タイ語で気持ち良い、快適という意味）んですよ。ヒップホップとか音楽好きな人にはあまり好かれない音楽なんですけれど、僕はそういう理由もあって今サイヨーを掘り下げています。モーラムやルークトゥンが生まれたイサーン地方って海のない内陸地方なんですが、地元山梨の景色を見ているとき、あれっ？って思って。そっくりなんですよねここに。暑い夏に山梨でモーラムやルークトゥンを聴くと景色と音の調和が取れていてまったく違和感がなくてサバイって思ったんです。たぶんそれで自分の音楽だなって思えたんですよね」

Photo: Young G (P90-91)

今日のアロイ（3/5）

ガイヤーン対決
（チェンマイ）

タイは野菜がうまいって言ったけれど、
鶏だってうまい。ガイヤーンはタイの焼き鳥。
ニンニクや香辛料などにつけた鶏肉を
炭火でじっくり焼き上げる。
余分な油を落として焼くので
皮がカリッとしていて肉がジューシー。
これにソムタム（パパイヤサラダ）と
カオニャオ（餅米）があれば天国だ。

●S.P.チキン（チェンマイ）

チェンマイでも有名なガイヤーン屋。ガーリックの風味にパンチあり。これでもかと言わんばかりのうまみが口に広がる。そりゃうまいよ。店先でまわりながらローストされている鶏を見ると。ついつい、うまくなれー、うまくなれー…と念じてしまう。1羽170バーツ。

9/1 Sam Larn Soi 1 Rd, Phra Singh Muang, Chiang Mai 50200 P157-O
10:00-17:00｜不定休 fb.com/SP-Chicken-173895529336009/timeline

●ウィッチェンブリー（チェンマイ）

ガイヤーンの先輩でもある岡本さん（→P146）に教えてもらったウィッチェンブリー。人気店で売り切れると早仕舞いしたり、臨時休業があったりでいつもドキドキで来店。「S.P.チキン」よりもシンプルに鶏の味を楽しませてくれる。こちらは鶏をガバッと開いて焼くスタイル。1羽160バーツ。

Nimmana Haeminda Rd, Lane 11, Suthep, Mueang Chiang Mai District, Chiang Mai 50200
P157-Q 9:00-16:00／月曜日定休

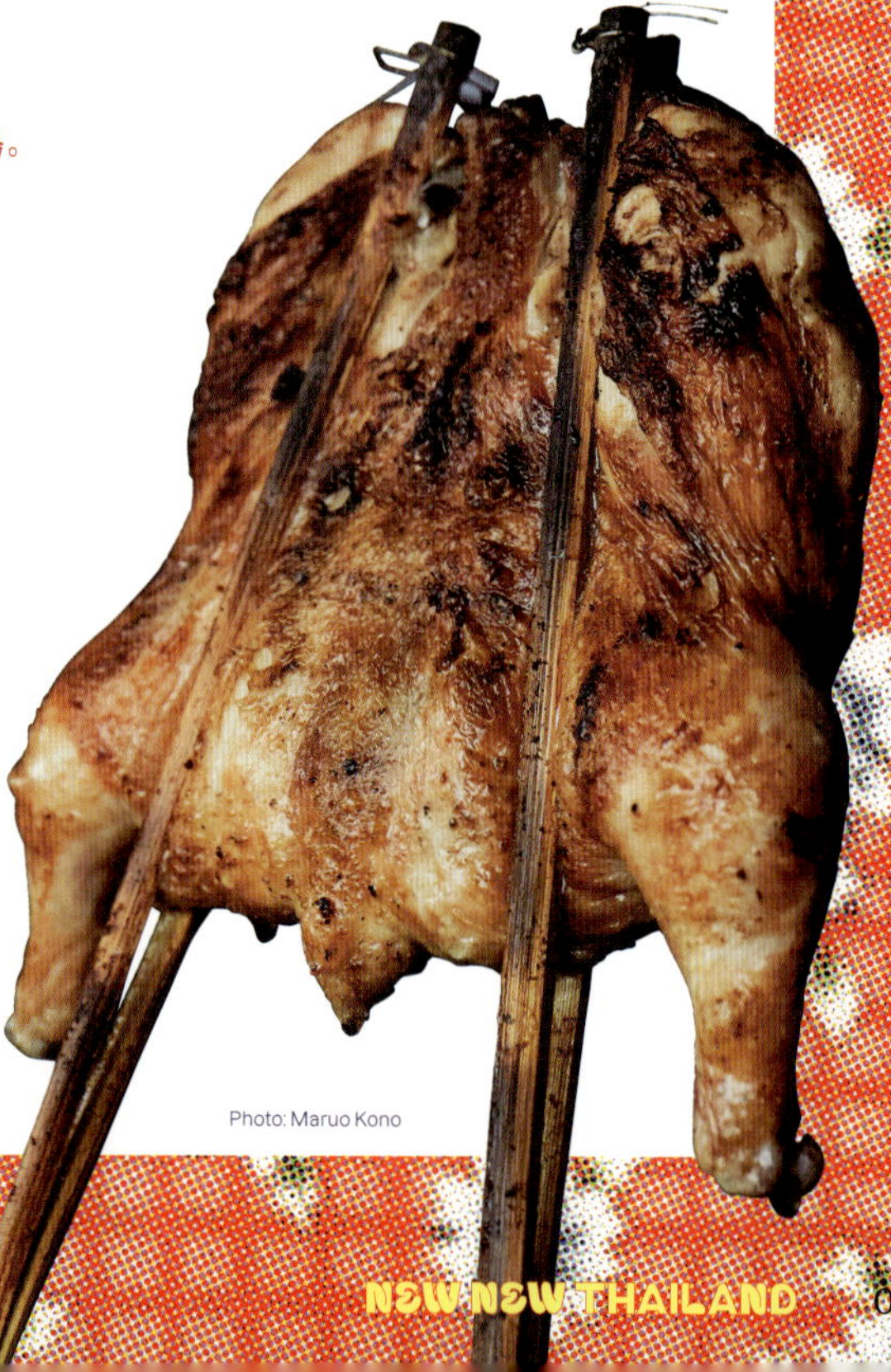

Photo: Maruo Kono

カオマンガイ対決
（バンコクV.S.チェンマイ）

タイ料理の中でもカオマンガイは
人気料理の一つ。この料理って
台湾やマレーシアなど、いろいろな国でも
食べられてるよなー、と思いながら、
とりあえずタイのカオマンガイ対決だ。
茹でた鶏、そして鶏を茹でたスープを
使ってご飯を炊く。シンプルなだけに
味の善し悪しの差がはっきりする。

●ラーン・ガイトーン・プラトゥーナム

ピンクのカオマンガイとしても有名。昼時になれば凄い行列。柔らかくて美味しい鶏肉と、ふっくらと炊き上がったお米は鶏のうまみがしっかりとしみている。つけダレがなくても鶏とふっくらご飯で満足。これでもかとダシのきいたスープも最高だ。

New Petchburi Rd, Makkasan, Ratchathewi, Bangkok 10400 P155-G 5:30-14:30 17:00-4:00 | 不定休

●キアットオーチャー發清

旧市街にあるキアットオーチャー。チェンマイは美味しいと言われるカオマンガイの店がたくさんある中、有名店の一つ。ここは鶏とご飯を別に頼むシステム。鶏はもちろんふっくらでパラパラのご飯がうまい。Mサイズ100バーツ、ライス10バーツ。

43 Inthawarorot Rd, Sriphum Subdistrict Mueang Chiang Mai District, Chiang Mai 50200
P157-O 8:00～15:00 | 不定休

4

ART

Living life as an artist

好きなように表現するアーティストたち、
そしてタイでは暮らしたいように暮らすのもアートだ。
そんな彼らの作品に出会う旅。

TRK

Artist / Art director | Bangkok

伝統とコンテンポラリー

ティー・アール・ケー
アーティスト／アートディレクター（バンコク）| trk_art

バンコクのスケートボードブランド〈Preduce（→P054）〉からリリースされているビデオ「Sawat-dee」を観た。冒頭に出てくる合掌したイラストが印象的。タイではそれを「ワイ」という。ラフなイメージもあるスケートボードと合掌のアンバランスな感じがタイらしくて良いなと思った。

ある時、バンコクの街角でＴＲＫの作品を目にしたことがあった。タイらしいモチーフやスタイルの新しい表現がとてもかっこいい。よその街中で、自分のアイデンティティやその街を表現した作品に出くわすと改めて自分の現在地が確認できてわくわくする。バンコクにはそんな作品が多い。この街は昔からある古い建物やそこで変わらず生活している人たちと、近代的でゴージャスな暮らしをしていそうな人たちが入り乱れているのが面白い。ＴＲＫの作品はそんなバンコクの街を表現しているように感じる。

「祖母がタイの伝統的な絵を描く画家だったんだ。今でもそうなんだけれど、僕は小さな時から日本の漫画やアニメを観るのが好きなんだ。祖母の描く絵は毎日のように見ていて、その頃はつまらないって思っていたよ。それから海外を旅行したり、他の国の人たちと交流していく中で、僕がタイ人であることを作品を通しても伝えたいって思うようになった。タイの伝統的なスタイルとずっと好きだったアニメや他の要素を取り入れて作品を作るようになったんだ。今はお寺に行って寺院の壁に描かれている絵を見るのが好き。模様や描かれている神様の表情とかが面白い。スタジオでキャンパスに描くより、外の壁に描くミューラルが好きなんだ。タイらしさを感じられるような場所、特に古い建物の壁のテクスチャーは自分が描く作品とマッチすると思うんだ。タイで壁を見つけるのは思っているより簡単だよ。許可をもらうのも容易だね。みんなのんびりしているから。逆に興味を持ってくれる人も多いんだ」

アーティストとして活動しながらバンコクに本拠地を置くスケートブランド〈Preduce〉のアートディレクターを務めるＴＲＫ。最

preduce
SAWATDEE

1.

1.〈Preduce〉のオフィスにある彼のデスクまわり。アートディレクターを努めてきた作品が貼られている。 2.チャイナタウン「Tep Bar」に描かれた作品の一部。3.バンコクの中心にあるパトゥムワン交差点にかかるスカイウォーク。そこに描かれたTRKの作品。4.〈Preduce〉のオフィスには彼の仕事を学びたいとインターンが集まる。5.自ら掘ったというタトゥー。

2.

3.

近では仮面ライダーとのコラボレーションをしたばかり。

「オフィシャルから相談を受けて仮面ライダーのキャラクターを使ったデッキをデザインしたんだ。ライセンスの仕事をする場合の多くは相手から提供されたキャラクターをそのまま使うだけの場合が多いけれど、それではつまらない。バックグラウンドにバンコクのアイコニックな風景を描いて仮面ライダーがバンコクにいるようなデザインに仕上げたんだ」

それ以外にもナイキ、コンバース、レッドブルなど大企業からの仕事もこなすTRKの意外な趣味は？

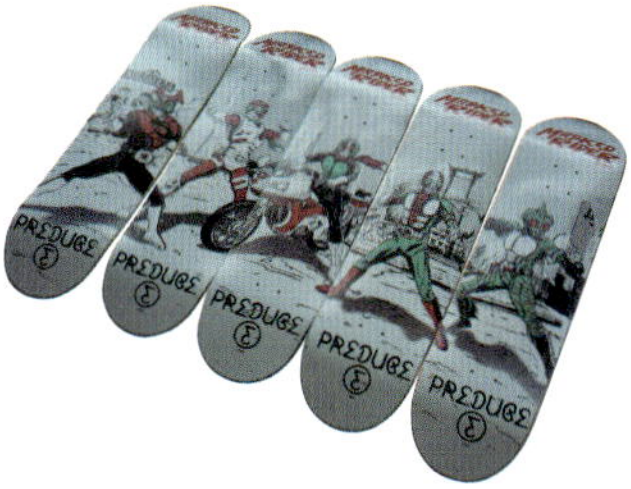

「料理をするのが好きなんだ。卵料理、ヌードル、タイカレー。毎朝マーケットに食材を買いに行って料理を作っている。レモングラスのサラダとか魚料理、野菜炒めも得意。それと一緒にタイウイスキーやサムソンというタイのラムを一緒に飲むのが最高なんだよね」
そんな愛らしい話し方と、まっすぐに被った黒いキャップに強い視線。彼の描く作品はもちろん、そのギャップと彼のアティチュードに惹かれないわけがない。

4.

5.

Tawan Wattuya

Artist | Bangkok

滲みから伝わるメッセージ

タワン・ワトュヤ
アーティスト（バンコク）| tawanwattuya

カラフルな水彩画で描かれた動物やポートレート。「スター・ウォーズ」やよく知っているキャラクターまでいる。人間かな？と思って見るとあの国の大統領のような人物の隣にモンスターがいる。銃を構えた兵隊やらハダカの女の人たち、学生や怪獣までいる。どれもバンコク在住のタワンの作品。すぐに彼の作品に惹かれ、それと同時に水彩画の滲みの向こうにはどんなストーリーがこめられている

のだろうと興味がわいた。

「新聞や雑誌、今ではインターネットにある写真を見ながら描くことが多いんだ。パブリックに出回っている写真をね。これまでに発表したプロジェクトの一つに、新聞の一面に載った人たちの写真を見ながら描き続けた作品がある。事件、政治、スポーツ、ゴシップ。その時々に新聞の一面を飾るニュースや出来事をそのまま描き続けた。12年間もね。描きためた作品を見返すとその時それぞれの時代背景がわかる。僕はただ一面に掲載された人物のポートレートを描いただけ。それを続けることで物語ができあがった。その他に世界中のミスコンテストでクイーンになった人たちのポートレートを描いた作品シリーズ。展示では華やかに飾られたビューティークイーンたちのポートレートを人種別に並べてみた。華やかだけれどまだまだ男性にコントロールされている世界に疑問を問いかけたかったんだ。メキシコのオアハカへ行ったときは、当時その街で建設していたミュージアムがあって、その現場で働いている人たちを描かせてもらったこともあった。入口に

アトリエに置かれているパレット。ロックなど大好きな音楽を聴きながら作業をする。

SHIMANE
JETT FES 2018
YAMATANOOROCHI RISING

水彩絵具で描かれたポートレート作品。滲みが作品を深いものにしている。

テーブルを置いて休み時間に声をかけて描かせてもらったんだ。労働者から建築家まであらゆる人をね」

タワンの独特で愛らしいタッチで描かれたモンスターや人々、時にカラフルな色使い。コンテンポラリーと水彩絵具の人間らしいタッチの混在する作品はさらに人々を引き寄せた。

「水彩絵具を使い始めたのは2006年あたりから。それまではアクリルや油絵具を使っていたんだ。水彩で描くようになった理由？ 正直に言うよ、実はお金がなかったからなんだ。油絵具やアクリル絵具は高いから買えなくて仕方なく水彩絵具を使い始めた。でも使い続けているうちに水彩絵具にフリーダムを見つけることができたんだよね。それまではいろいろ考えすぎちゃっていたんだ」

画風と共に彼らしい独特なテーマに沿って作り上げられていく作品は奥行きがあって面白い。

「僕のプロジェクトはちょっとしたきっかけで始まることが多いんだよ。ある時アメリカ、マサチューセッツ州セイラムの街を訪れた。その街のミュージアムではホラー映画の展示をしていたんだ。一つひとつのモンスターがどうやって誕生したのか理由が記してあって、とても興味深かった。ただイメージで作られたのではなくて理由があることを知ったんだ。それがきっかけになって想像の世界のモンスターと実際に存在するモンスターを合わせて描いたシリーズを作ったんだ。これからまた新聞の一面をキャプチャーしていくプロジェクトも再開しようと思っている。12年後、その作品が並んだ時、どんな風に見えるのか楽しみだよ。今よりも良いストーリーになっているといいな」

コンドミニアム内にある彼のスタジオ。制作作業は夜に行うことが多い。

ローレイ、ペレ、ロマン、ニンジャ。ハッピー家族写真。

Lolay and his family

Artist | Hua Hin

ドローイングは言葉

ローレイと家族
アーティスト（ホアヒン）| lolaytoon

バンコクでいちばん忙しい交差点。その一角に街の人なら誰もが知っているモール「MBK Center」がある。その2階エントランス前にふたつの大きな犬（ウサギにも見える）の彫刻がある。そしてその向かいにある「BACC（→P124）」にも人物の彫刻が飾られている。これらの彫刻を作ったローレイはタイを代表する現代アーティストのひとり。太く黒い線で書かれた得体の知れない生き物のドローイング、有名なミュージシャンの似顔絵、そしてこの犬のようなウサギのような彫刻まで。バンコクからクルマで2時間ほど離れた海の街ホアヒンに奥さんのパレ、息子のロマンとニンジャの4人で暮らしている。ある時チェンマイに住むアーティストTua Pen Not（→P108）が、ローレイはアーティストとしてもそうだけれど、彼のライフスタイルに憧れると話していた。彼のライフスタイルも作品の一部なのかな？ そうそう、数年前に〈Brave Roasters（→P034）のテイテイもパレがカフェをオープンする手伝いをしてきた、と話してくれた。もうこうなったらローレイに会いに行こう。パレがやっているカフェ「Ronin Capsule」を目指してクルマを走らせた。

「イサーンで生まれたけれどすぐにホアヒンへ越したんだ。だから僕はこの街出身と言っても良いね。小さな時から絵を描くのが好きだった。子どもの時、母親がソイミルクとドーナツを販売するお店をやっていて、お店の内装やパッケージを僕が勝手にデザインしていたよ。母親はそんなことより店の手伝いをして欲しいって言っていたけれど、当時の僕にはこれが手伝いだって思っていた。それから僕はバンコクのシラパコーン大学へ入学。大学ではいろいろなファッションの人がいたし、大好きな音楽をやっている人もたくさんいて、大きな刺激を受けた。当時はインターネットもないし、家に

1.

は雑誌もなかった。僕が影響を受けたのは、今でもそうなんだけれど、小説や音楽だったんだ。僕の作る作品にはストーリーがあってそれを元に制作しているんだ」

パレがやっているこのカフェの2階には彼の小さなスタジオがあり、彼女が働いている時はスタジオで息子ふたりと楽しく遊んでいる。家族はまるでチーム。お客さんにコーヒーを淹れていたパレがこう話を続けてくれた。

「ローレイはいつもスケッチブックを持ち歩いているの。ドローイングを描いてはいろいろと説明してくれる。ドローイングは彼にとって言葉なの」

「こうして家族と毎日の暮らしすべてがインスピレーションになっている。その日その日を幸せに暮らしたいって。たとえば、今日は良い音楽を聴く、明日は美味しいコーヒーを飲む。毎日の小さな幸せが集まると大きなものになる。自分でなにを描いているのかわからない時がある。でもそれが集まると自分が何を感じて描いていたのか気がつくときがあるんだ。寝る前に必ずドローイングを描くんだ。僕にとってのダイアリー。あなたのようなアーティストになるには？って質問されるけれど、どう答えていいのかわからないんだ。ただ自分らしくしているだけ」

では、ローレイにとってのアートってなに？

「僕にとってアートは音楽かな。以前にハッピーバンドというバンドを組んでいたんだけど、メンバーの一人が亡くなってしまったんだ。またバンドを組みたいって思っているところ。パレはドラム、僕はベースを演奏するんだ。あと、今あるカフェを自宅の敷地内にオープンさせようと思っている。カフェを訪れた人たちがスタジオを見たり、音楽を聴いたりもっといろいろ楽しめる場所にしたいんだ」

2.

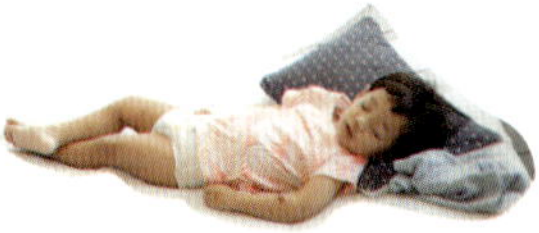

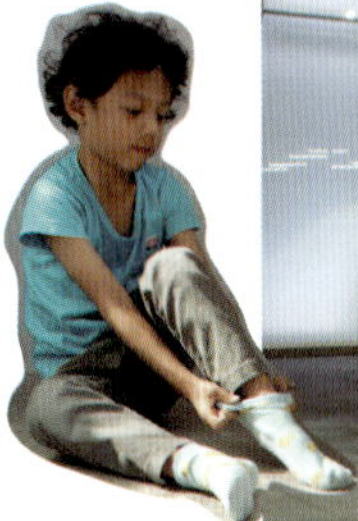

3.

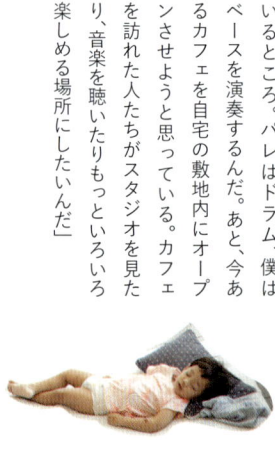

4.

1. 奥さんのペレがやるカフェにはローレイの作品がたくさん飾られている。カフェのインフォはInstagram ronincapsuleより。 2. MBKの2階のエントランス前に飾られた作品「MAKRUB」 3. 奥さんのパレとローレイ。いつも仲良し。 4. スタジオに置かれた作品。「MOKUTAN」 5. インタビュー中も常にイラストを描いている。

5.

Tua Pen Not

Artist | Chiang Mai

作品は自分の分身のようなもの

トゥアペンノット
アーティスト（チェンマイ）| tuapennot

なんだか面白そうな場所があると友人に聞いて行ってみることにした。チェンマイ市内からバイクで15分くらい走ったところ。ハイウェイから細い道を入り、くねくねと入っていくと突然現れたちょっと変わった建物。なんだこれ？ ゲートが開いていたので入ってみる。建物から出てきた人物。「ハイ！ 僕はトゥアペンノット」。面白い名前！ ここはなに？

とにかく彼との出会いは不思議だった。僕自身もここがなんなのか？ そしてトゥアペンノットはいったい誰？っていうか、彼もこの日本人は誰？と思ったはず。だけどいきなり訪れた僕を招き入れてくれた。コンクリートとブロックが荒々しく積み重なってできた手作り感溢れる建物。そしてコンクリートに瓶が埋められて作られた照明らしきもの。なんともおかしな場所に来てしまった。どうやらここは彼のスタジオで、彼はアーティストのようだ。建物内を見

チェンマイにあるスタジオそのものが彼の作品だ

せてくれた。しばらくしたら市内に行くから一緒にコーヒーを飲もうと誘われた。よくわからないけれどゆっくりしたチェンマイの流れに乗ってみることにした。

「僕のニックネームはノット(Not)なんだ。Tua Pen Notとは“everything I do”“everything I made”という意味を込めて自分でつけた名前だよ。作品は僕の分身のようなもの。アーティスト名でもあり、ブランド名でもあるんだ。ランパーンで生まれてチェンマイ大学へ通うためにチェンマイへ越してきた。あのスタジオも僕と友人とで建てたんだ。アーティストとして活動するかたわら、プロダクトデザイナーとしてそして自分でデザインしたプロダクトの制作もしている。そのほかにも、インテリアデザインもしたり、必要ならば、室内のペイント。自分で考えた照明器具をコンクリートを使って作ったりもしているんだ。“Tua Pen Not”でしょ(笑)。プロ

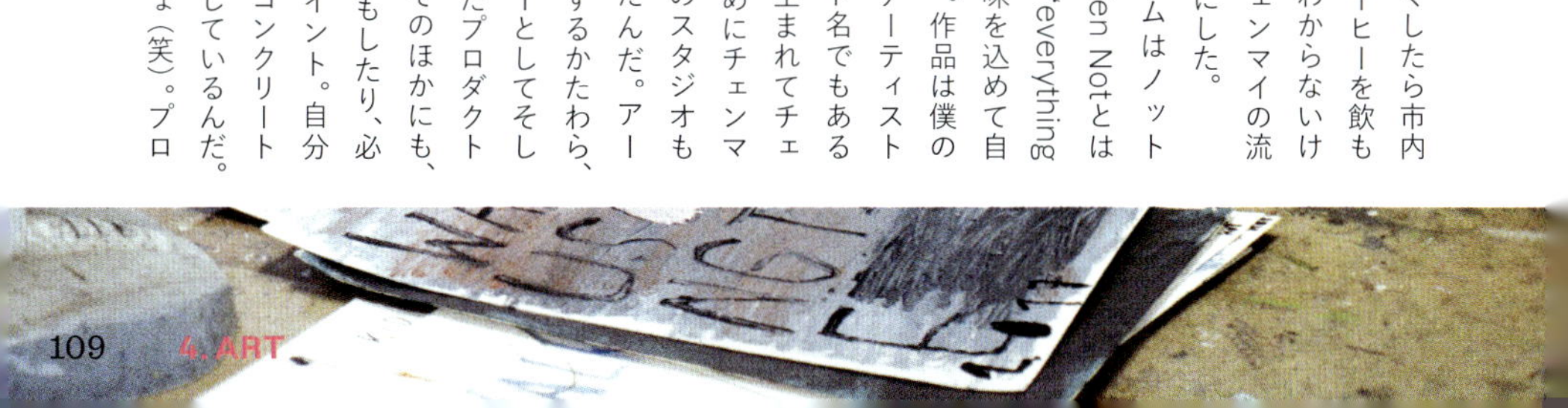

1.

2.

3.

ダクトの売り上げをアートの制作活動費に充てているんだよ」。スタジオは作品を制作したり、作ったプロダクトを売るお店にしたり。将来はここにカフェをオープンさせようと計画中しているという。

「僕が作るアート作品はすべて自分のまわりで起きていることや、普段の生活のことを題材にしている。チェンマイはアートを理解している人たちがたくさんいる街だと思うんだ。チェンマイ大学には、アートのクラスもあるし、街にもたくさんのギャラリーがある。この街の人はやりたいことをしたりと自分のライフスタイルをしっかりと持って生活している人が多い。この街に移住してくるアーティストが多いのも自分らしく暮らせるからではないかな。僕はローレイ（→P104）のようなライフスタイルがいいなって思うんだ。自分の作品を作ったり、音楽を演奏したり家族と過ごしたり、自分らしく生活している。アーティストとして

はタイウィキット（Thaiwijit）が好き。僕が小さな時から大活躍しているあこがれのアーティスト。僕はアーティストとしてタイ国内で有名になりたいんだ。理想的なライフスタイルを実現させるためにね。その理想的な生活をするのに世界的に有名にならなくても良いと思っている。タイ国内で有名になれれば十分その生活が手に入るって思っているから。それで十分なんだ」

4.

1.チェンマイの外れ。ノット君らしい構えのスタジオ。2.スタジオ内に置かれた作品たち。3.モルタル、ペイント、工具までいろいろなものが置かれている。 4.ニマンヘミンにできたモール「One Mimman」の館内に描かれたノット君の作品。ここへ来れば彼のさまざまな作品が見られる。

2.

1.

MAIIAM

Museum | Chiang Mai | Eric Booth

インディペンデントであること

マイイアム | ミュージアム（チェンマイ）
エリック・ブース | maiiam_art_museum

チェンマイに行くなら新しくできたコンテンポラリーアートのミュージアムに行った方がいいよ。みんなが口々に言う、それなら。チェンマイ市内からトゥクトゥクで30分くらい。サンカムペーン郡に入り、しばらく進むとミラーのタイルが張り巡らされた近代的な建物「MAIIAM」が現れた。館内はミュージアムショップ、カフェ、そして展示スペースはパーマネントコレクションと企画展示の二つに分かれている。〈Toot Yung（→P114）〉のミルティーユさんにファウンダーのエリックを紹介してもらい話を聞いた。

「僕の父はフランス人で80年代後半くらいからタイのアート作品を集め始めたんだ。僕がコンテンポラリーアートに興味を持つようになったのもその頃。集めた作品の多くはそのまま倉庫に眠らせているだけだった。せっかく集めたのにこのままではもったいないというのが、ここを始めるきっかけ」

バンコク、すなわち中心から離れることが大切だった。アートシーンもギャラリーも政治もすべてがバンコクで起こっている。だからほかの場所でやることが重要で面白い。サンカムペーンは工芸の村でもあるし、アーティストだけでなく作家や詩人も多く暮らすから、この場所を選んだ。平日はバンコクのジムトンプソンのアートセンターで働き、週末はチェンマイで過ごしているという。

「タイでコンテンポラリーのアートシーンを発見できる場所はまだまだ少ないんだ。そして愛す

1.オリジナルグッズもそろったミュージアムショップも充実。2.ミラーで覆われた建物。派手にも見えるし、風景に馴染んでいるようにも見える。3.敷地内のいたるところに作品を見つけることができる。

3.

る作品やアーティストをインディペンデントで紹介できるって大切だと思う。これから？「MAI-IAM」を違う場所でも発表したいって思っている。タイの東北地方でトラベリングショーというのをやりたいね。これからはまだまだアートに触れる機会の少ない場所へ行ってみたいって思っているんだよ。MAIIAMに来てよ、ではなく僕らが訪れるスタイルでね」

122 Moo 7 Tonpao San Kamphaeng District, Chiang Mai 50130 P158-U 10:00–18:00／火曜日定休

TOOT YUNG

Art Center | Chiang Mai | Myrtille Tibayrenc

蚊の“ケツ”のように

トゥートゥ・ユン | アートセンター（チェンマイ）
ミルティーユ・チベイレンク | tootyungart

チェンマイの郊外に〈Toot Yung〉というアーティストレジデンスとギャラリーが併設されたところがあると聞いた。どうやらアーティストのタワン（→P100）とも繋がりがあるフランス人女性ミルティーユさんがやっているようだ。フランスの人がタイに移り住み、チェンマイからさらに40分も離れた田舎でどうしてアーティストレジデンスをしているのだろう？ 彼女にタイのアートシーンはどう写っているのだろう？

「いらっしゃい。敷地の脇を流れているのはピン川よ。元々バンコクでギャラリースペースをやっていたり、アートイベントを企画したり、私自身もアーティストとして活動しているの。チェンマイには2017年に越してきたばかり。ここはギャラリースペースとアーティストが寝泊まりして制作活動ができるレジデンスにもなっているわ。フランスと比べるとタイではアートを支援する制度がないから、その分とても自由。やりたいことがなんでもできる。フランスは政府がアートやアーティストを支援しすぎていて、逆にそれがアートをダメにしていると私は思っているから。交通費までは払えないけれど、制作活動がしたいアーティストならいつでも滞在できるわ」

こんな素敵な施設！とは裏腹にToot Yungとは蚊のケツという意味らしい。

「"Toot"はケツ、"Yung"は蚊のこと。小さいけれど強いなにか意味のある名前にしたくてそうしたの。

蚊は小さいけれど危険な生き物だし。それに"Toot"というちょっと行儀の悪い言葉を付け加えたかった。タイは良いことも悪いことも混在している国だと思うから。今のタイはまるで30年前のヨーロッパみたいなところがある。ストリートのカルチャーもまだ反抗的でアンダーグラウンド。アーティストだってそう。アーティストたちはタイに来てもっと自由に表現してもらいたいって思っている。少しでもその手伝いができたら嬉しいの」

74/3 Moo 4, Kilek, Mae Rim District, Chiang Mai 50180 P159-W 金−日：9：00−17：00｜火−木：予約制／月曜定休

1.

2.

3.

Pianissimo Press

Letterpress printing | Bangkok
May (Pianissimo) & Vardhana (Ake)

カードを送ることはピアニッシモ

ピアニッシモ・プレス | レタープレス（バンコク）
メイ（ピアニッシモ）&ヴァンハナ（エイク）| pianissimopress

1.エアタンクを持つハビエルをモチーフにするセンスがツボ。しっかりと固定して印刷機へ。2.活版印刷機。どれも60〜70年も前に製造されたもの。3.INK & LION Café、サイアムディスカバリー、Gallery Drip coffee、ザ・ジャム・ファクトリーなどで購入可能とのこと。

以前、バンコクにあるThe Jam Factoryで、映画『ノーカントリー』で殺し屋シガーを演じていた、ハビエル・バルデムがモチーフになっているブローチを見つけた。よく見ると活版でできている。その後、エカマイにあるカフェ「INK & LION Café」(→P038)であの時に見たブローチと同じ活版でカードに印刷されたハビエルがいた。これを作っているのって誰だろう?と話していると「あの子だよ」とたまたまカフェに居合わせたのが作者のピアニッシモさん。せっかくなのでとスタジオへ招待してくれた。

「パートナーのヴァンハナと二人で活版印刷をやっているの。彼はシネマトグラファーで、私はグラフィックデザイナーとイラストレーター。彼がいろいろな映画を教えてくれて、ハビエルの活版も彼の影響から(笑)。大学で木版画を勉強していて、それから活版に興味を持つようになった。とにかく印刷をしてみたいと、なにも考えずにオークションサイトで活版印刷機を落札して。足りないパーツや活版の文字を少しずつ集めたの。バンコクのチャイナタウンは昔、印刷業者がたくさん集まっている街だったから、今でも活版や部品を探しに行くわ。タイ語の活版は見つけるのが難しい。とっておくより金属として溶かして売る方がお金になるからほとんど残っていなくて。ブローチを作ろうと思ったのは活版そのものの存在が好きだから。プリントされたものも好きだけれど、活版そのものも魅力的」

ピアニッシモという名前は彼女のそのソフトな声からだという。

「小さな時から話し方がソフトだからピアニッシモって呼ばれていて。スタジオを始めた時もそのままこの名前にしたの。誰かにカードを送ることってとても静かで優しい行為。ピアニッシモという名前と共通しているから良いなと思っているわ」

Bangkok CityCity Gallery

Gallery | Bangkok | Akapol Sudasna (Op)

大切にしたいのは このコミュニティー

バンコク・シティ・シティ・ギャラリー
ギャラリー（バンコク）
アカポル・スダイナー（オップ）
bangkokcitycity

1.

1.モダンな外観がまぶしい。個人が経営するギャラリーとは思えないほど立派。 2.チュラヤーンノン・シリポンの絵画のような映像作品。展示方法がユニーク。

2.

バンコク・シティ・シティ・ギャラリー？ いいや、シティ・シティだよ。２０１５年にルンピニ公園近くにオープンしたギャラリーだ。白くて四角くてまぶしい。ミュージアムといえばそう見えてしまうほどに立派。

訪れた時はチュラヤーンノン・シリポンの作品が展示中だった。映像を絵画のように投影する見せ方が面白い。展示を見終わって出るとオーナーのひとり、オップさんに声をかけられた。ロサンゼルスで映像を勉強していた彼と、パートナーでキューレーターのスパマーさんが一緒に経営しているこのギャラリー。ふたりともコンテンポラリーアートが好きで、それは社会において大切な役割を担っていると語る。

「タイには面白いアーティストがたくさんいるけれど、これまで彼らの作品を発表できる場所があまりなかったんだ。近年、タイの文化は急成長していて、ギャラリーもやっと増えてきた。それぞれのギャラリーが違ったビジョンでアーティストをサポートすることは、楽しみ方や選択が増えることだから良いことだと思っているし、僕たちもその役割の担えたら嬉しい。この場所は商業目的だけれど、僕たち自身はそれだけではないと思っている。教育の場でもあるし、コミュニティーの一部にもなりたいんだ」

オップさんのような考えでギャラリーを運営するのは大切なことだ。そういえば、はじめに聞きたかったことがある。どうしてシティ・シティと2回繰り返す名前をつけたの？

「友人でアーティストのコラクリット・アルナノチャイがあるラップのリリックからつけたんだ。ラップって生まれた街や家族、そのコミュニティーに対する愛をラップしている曲が1曲はアルバムに必ず入っているでしょ。僕が大切にしたいことが歌われている。それが気に入ってこのギャラリーの名前を決めたんだ。シティ・シティ。要するにコミュニティーが大切ってことなんだ」

穏やかで丁寧に話をしてくれた創立者のひとり、オップさん。

知人のオフィスで話しをしていた時、ちょうどそこに居合わせたノンタワットさん。彼、スケートボードのドキュメンタリーフィルムを作ったことがあるのよ、と紹介された。聞くと、映画監督をしていて〝ボーダー〟「境界線」を

Nontawat Numbenchapol

Film Director | Bangkok

“ボーダー”
「境界線」にはストーリーがある

ノンタワット・ヌンベンチャポウル
映画監督(バンコク)

「ボーダー」というキーワードをテーマにドキュメンタリー映画を制作している。撮影のために訪れていたチェンマイで出会うことができた。現在もまた新しい作品を製作中とのこと。

テーマに作品を作り続けているという。なんだか面白そうだ。翌日に昼ご飯がてら、話を聞かせてもらうことにした。

「ずっとスケートボードをしていて初めて作ったフィルムが、バンコクのスケートブランド〈Preduce(→P054)〉のスケーターたちのドキュメンタリーフィルムだったんだ。それからバンコクで起こった様々な政治問題がきっかけとなってドキュメンタリーフィルムを作ろうと思ったんだ」。

そうして発表した作品はカンボジアとの国境問題について。元軍人の青年と知り合い、国境近くにある彼の故郷へ行くと、バンコクでは知り得なかった問題を目の当たりにする。四方を他国に挟まれるタイは、それぞれの国境に様々な問題があるのだ。その後、また違うボーダーを描いた作品を発表。

「ある時、バンコクに住むティーンエイジャーがどんなことを考えているのか気になった。100人

以上の若者たちにインタビューをしたよ。ジェンダーやジェネレーションについて、僕が思っている以上に考え方が多様化していることが分かった。物理的ではないけれど、また違った意味でのボーダーをテーマに作った作品だよ。今はミャンマー国境付近に住むシャン族について作品を作っているところ。タイ国外には知られていない問題がたくさんあって、僕はそれをもっといろいろな人に知ってもらえたらと思って作品を作っているんだ。さあ、お昼でも食べに行こうか」

彼のテーマ「ボーダー」は国境など実質的なもの、そしてジェンダーや世代という意味合いも含めたもの。www.mobilelabproject.com
『#BKKY』(2016)、『Boundary』(2013)

Torsak Anutongsriwilai (Sand)

Barista / Graphic Designer | Bangkok

コーヒーとドローイングとバッグ

トーサック・アントニシリウィライ（サンド）
バリスタ／アーティスト（バンコク）
coincidence.process.coffee hellholiday

hellholidayというアーティスト名でも活動中。

fb.com/coincidence.process.coffee

サンドと出会ったのは彼がまだ「CASA LAPIN（→P032）」で働いている時なので、7年前くらいかもしれない。バンコクを訪れるたびに、彼自身が最近気になっているお店やレストランなどの情報を教えてくれる。物静かで生真面目、サンドが入れてくれるコーヒーはとても丁寧で美味しい。そしてカメラを向けると必ず手で顔を隠すのが彼のシグネーチャー。〈Hell-Holiday〉という名前でアーティスト活動もしている。

「もともとはグラフィックデザイナーとして働いていたんだ。今はバリスタだから友だちに頼まれたくらいの仕事しかしていないよ。机に座っているよりも店に立ってコーヒーを作る方が好きなんだよね」

「CASA LAPIN」や「Brave roasters」のキャラクターデザインも彼の作品の一つ。ある時、コーヒーを注文するとひとつのバッグを手渡してくれた。〈Pavement〉という名前のバッグ。型は一つ、色はこのグレーと黒だけ。小さくたたまれたバッグはポリエチレンの袋にブランドステッカーと共にパックされている。彼らしいシンプルなパッケージ。そして、一種類しかないという彼らしいミニマムさ。

1.2019年に待望のカフェ「co-incidence process coffee」をオープンさせたサンド。2.友人と一緒に運営するバッグブランド〈Pavement〉。3,4.サンドの作品と作品を描きためたスケッチブックたち。

「いつかは服も作りたいけれど、まずはシンプルでどんな服にもあうバッグが作りたかった。限られた予算の中で納得いくものにしたかったから。できあがったのは一種類。最近は新しくポーチも作ったよ」

サンドは2019年に待望のカフェ「co-incidence process coffee」をオープン。スタンド形式のカフェもミニマムでクリーン。オープンさせて数ヶ月で数件隣の大きなスペースへと移動し、フードメニューも新しく展開。カフェ、デザイン、バッグ作り、一つひとつにとても丁寧に取り組む姿勢、そして興味を持ったことを実験的に取り組む感覚が好きだ。この書籍『NEW NEW THAILAND』のタイトル文字もサンドによる作品。

3 Sukhumvit49, Khwaeng Khlong Tan Nuea, Wattana,Bangkok 10110 154-F 月–金8:00–19:00 | 土日9:00–20:00

バンコクの中心地、サイアム。巨大ショッピングセンターが乱立する交差点の一角にあり、2007年7月にオープンしたBACC（バンコク・アート・アンド・カルチャー・センター）。ここの良いところは美術館へ行くという心構えがいらないところだ。BTSスカイトレイン、シローム線とスクンビット線が交わるサイアム駅からも近いので、サイアムのデパートに買い物に来たついで、電車を乗り換えるついでに気軽に立ち寄ることができる。館内にはギフトショップやタイで初めてハンドドリップでコーヒーを提供したカフェ「Gallery Drip Coffee（→P040）」もあり、コーヒーついでに訪れる人も多い。入場料は基本的に無料だが、タイ国内外の伝統的なものからコンテンポラリーなものまで、様々な展示が開かれている。ふらりと訪れたのに得られる満足感の高さが、タイらしさを感じさせる場所だ。

Bangkok Art & Culture Centre (BACC)

Art centre | Bangkok

アートとカルチャーを気軽に

バンコク芸術文化センター（バンコク） | bacc bangkok

939 Rama1 Rd, Wang Mai, Pathum Wan, Bangkok 10330 P155-G 10:00-21:00 | 月曜日定休 http://en.bacc.or.th/

ISSUE Gallery

Gallery | Chiang Mai

チェンマイで
一番小さいギャラリー

イシューギャラリー | ギャラリー（チェンマイ）

チェンマイのターペー通り沿いにあるギャラリー。脇道にある「GATEWAY COFFEE ROAST-ERS」のドアから入ると、カフェの脇にある小さなスペースがギャラリーになっている。Tua Pen Not（→**P108**）のノット君に教えてもらったギャラリー。チェンマイのアーティストを中心に定期的に展示を行っている。情報がなかなか見つからないので、カフェに立ち寄るついでに、どんな展示やっているかな？ と気軽に覗いてみるスタイルが良い。

50300 Chang Moi Rd, Soi 2, Tambon Chang Moi, Mueang Chiang Mai District, Chiang Mai 50300
P156-M 9:00-17:00 | 不定休 fb.com/issuegallerycnx

Gallery Seescape

Cafe gallery | Chiang Mai

美味しいコーヒーと
アート作品を

ギャラリー・シー・スケープ
ギャラリー（チェンマイ） | gallerysеescape.official

チェンマイで若者たちが集まるニマンヘミンエリアにひっそりと構えるギャラリー・シー・スケープ。カフェとギャラリーがある敷地内は、いつもたくさんの人で賑わっていて、のんびりとコーヒーを飲んだり、アート作品を楽しむことができる。オーナーはチェンマイ在住でタイ国内で活動する人気アーティスト、トーラープ・ラープジャロエンスックさん。彼が制作している電気ライトの作品も展示している。

22/1 Nimmanhemin Rd, Soi 17, Mueang Chiang Mai, Chiang Mai 50200 P157-Q 11:00-20:00 | 不定休 http://www.galleryseescape.co

●Isan Rom Yenの素敵なステーキ（バンコク）

タイではついついタイらしい味付けのものを食べたくなる。あるとき友人が頼んでいた牛肉のステーキ。あまりにも普通過ぎて自分では頼まなかった。つまんでみたらこれがうまい。決して柔らかくない。歯ごたえがあって、噛むと肉のうまみがしっかりする。80バーツ。

Thanon Rang Nam, Thanon Phaya Thai, Rajthevee, Bangkok 10400 map155-G 9:00-22:00

今日のアロイ（ 4/5 ）

バンコクもチェンマイも美味しいものが多いから
滞在日数と行きたい食堂の数が合わないので一日に
2度お昼を食べる、という作戦も。出てくる量が
少なめなので、そこでおなかいっぱいにしないでもう一軒！

●オンブーンのコーンスープ（チェンマイ）

チェンマイで朝ご飯を食べるのなら「オンブーンベジタリアン」。バイクでブーン。食べたいお惣菜を食べたい分だけ取って量り売りのシステム。それとは別にスープもある。このコーンスープはコーンの味しかしない。大胆な勝負に出て勝利を得たスープだと思う。10バーツ。

199/23 Changklan Rd, Chiang Mai 50100
map156-N 7:00-15:00｜日曜日定休

●Wawee Coffee（チェンマイ）

チェンマイの街をうろうろしていると、すぐに暑さでバテる。そうすると飲みたくなる「Wawee Coffee」のアイスレモンティー。とにかく甘い。チェーン店で街のあちこちにあるので便利。お気に入りはピン川沿いの店舗。川を眺めながらのんびりする時間が好き。85バーツ。

1/2 Bumrungrad Rd, Wat Ket, Mueang
Chiang Mai Amphoe, Chiang Mai 83000
mapP156-M 7:00-19:30｜不定休

●夜中のお粥 ジョーク・ソムペット（チェンマイ）

夜中に急におなかがすく時があるんですよ。何でだろう？ でもそんなに重いものは食べられない。そんな時に行くのがジョーク・ソムペットのお粥屋。24時間営業の安心感。雑炊のようなカオトムとお米がドロッとしているジョーク（写真）のどちらかを決めて具を選ぶ。生姜やネギがアクセントになって美味しいんだな。35バーツ。

51 SriPhum Rd, Mueang ChiangMai, ChiangMai 50200 mapP157-O 24時間営業｜不定休

●おばさんの生姜湯 ナームヤータート（チェンマイ）

朝ご飯のあと、まだ暑くない時間に飲むことが多い地元の薬局サラモーンオーソットの店先で売られている生姜湯。生姜と胡椒のきいた飲み物でからだがぽかぽかする。店先の椅子に座って飲む時間がいいんだな。しかも一杯5バーツ。お土産のペーストもあるので是非。20バーツ。

Chang Moi Sub- Amphoe, Mueang Chiang Mai District, Chiang Mai 50300 mapP156-M 要確認

●フカヒレ屋のカニチャーハン（バンコク）

バンコクのチャイナタウン、ヤワラートにあるフカヒレスープ屋「Hengdee」。ここのカニチャーハンが絶品。フカヒレ目的だったはずなのに気がついたらコレ目的になっていた。美味しいな。専門店をやったらいいのにって勝手に思っている。Sサイズ100バーツ。

427 Yaowarat Rd Samphanthawong, Bangkok 10100 mapP155-I 18:00-3:00｜不定休

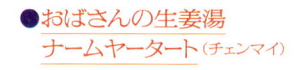

5

OTHER STORIES

Some other stories

お寺で心を清め、マッサージで体をほぐす。
屋台でお腹をいっぱいにし、スケートボードで友だちになる
芸術で心を満たし、音楽で感性を豊かにする。もっともっと。

China Town

Walk in the China Town | Bangkok

チャイナタウンを歩いてみよう

チャイナタウン（バンコク）

バンコクのチャイナタウン、ヤワラート。MTRの終点、①ファランポーン駅から歩いてみよう。まずは国鉄ファランポーン駅を見学。バンコク駅とも呼ばれ、東京でいう上野駅のような存在。構内にも自由に入れる。駅から②問屋街を通り今話題のソイ・ナナ方面へ。③路地へ入ると急に静かになり、まるで映画のセットのよう。路地を進むと④「Tep Bar」。タイ伝統

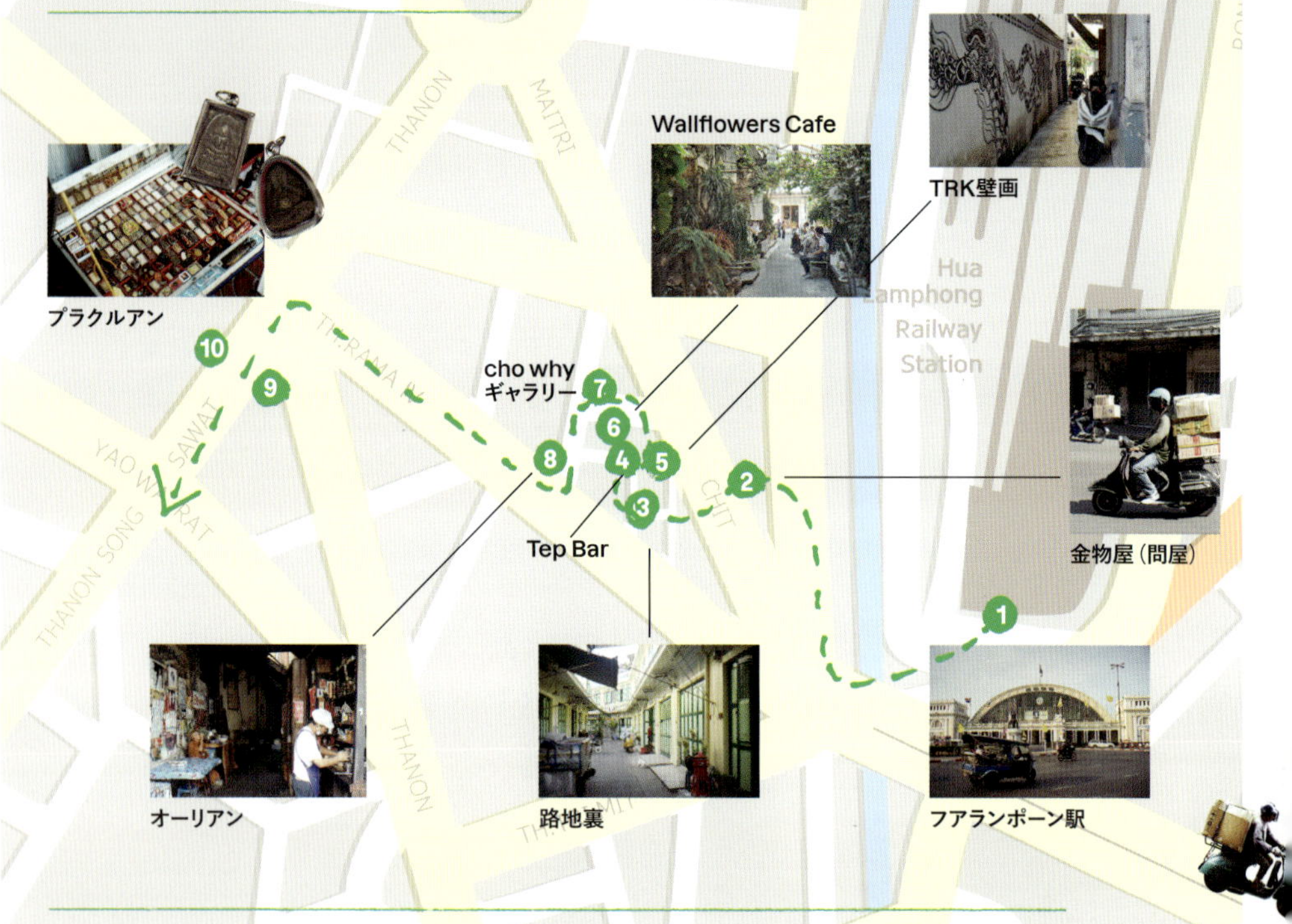

音楽の生演奏を聴きながらお酒や食事が楽しめる。さらに細い路地に入ると⑤アーティストTRK（→P096）が描いた壁画が出現。さらに進むと⑥Wallflowers Cafe（→P039）。花屋に併設されたバンコクでも話題のカフェ。ここで休むか、少し歩いたところにある、昔からあるタイコーヒー、オーリアン⑧（→P042）のコーヒー屋もいい。そのギャップを楽しむのもあり。さらに進むと表紙のデザインがインパクトあるプラクルアンの⑨雑誌を売るおじさんと、その反対側の路上では⑩プラクルアン（→P136）を売るおじさんと、それを品定めするおじさんたち。見ているだけで面白い。プラクルアンを見ながらその道を抜けると目的地ヤワラートに到着。暑い日は休み休み歩くのが良い。NEW NEW THAILANDおすすめのチャイナタウン散歩コース。

2.

1.

A Morning
in Chiang Mai

朝のチェンマイ

おはようチェンマイ。朝、動き始める街を眺めるのが好きだ。チェンマイ市場前。朝ご飯を食べる人。ご飯後に出勤のためソンテウに乗り込む人、屋台でそのご飯を作る人。道ばたで野菜を売る人。タンブン（托鉢）するお坊さんに、周りでそのお坊さんに渡すお供え物を売るおばさん。持ちつ持たれつが良い。朝の時間は日常の暮らしを覗くことのできるマジックアワー。

1,2.市場の向かいには屋台が並び朝ご飯やコーヒーを食べている人たちで賑わっている。3,4.朝日に照らされたお堀に浮かぶ蓮の花。5.コンビニ前で野菜を売るおばさん。6.タンブンをするお坊さん。

4.

3.

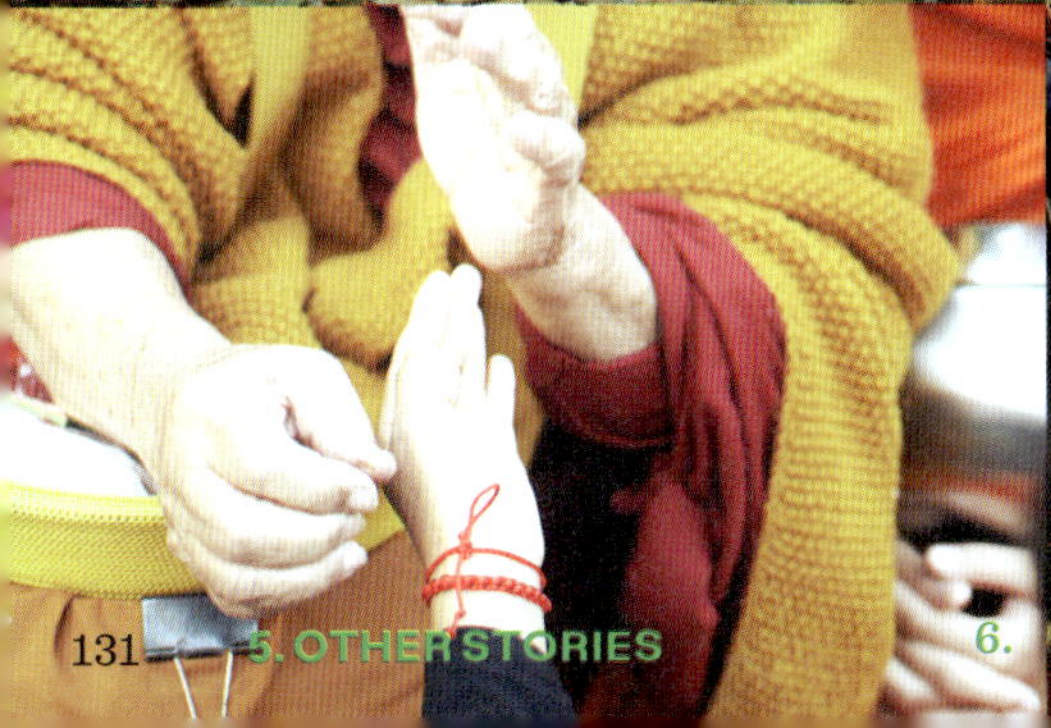

6.

5.

Silentdog Scooter Shop

Scooter Shop | Bangkok
Wibun Sa-ngachu sakkun (Leng)

ベスパは街の風景

サイレントドッグ・スクーター・ショップ ｜スクーター・ショップ（バンコク）
ウィブン・サーンガチュサックン（レン）｜ silentscoot

1.バンコク、チャイナタウンで見られる。ベスパのリアに大きなキャリアをつけて荷物を運ぶ。ヤワラートスタイル。 2.サイレントドッグ代表のレンさん。 3.シンプルな構造でメンテナンスフリーだというベスパのエンジン。バイクのリアフェンダー右側に搭載される。 4.GSなどレアなベスパが並ぶ工場内。

来店時要確認 fb.com/silentscoot

バイクやスクーターはタイの人にとって身近な乗り物。多くの人たちが日本製のバイクに乗っている。しかしバンコクのヤワラート（チャイナタウン）へ行くとイタリアのスクーター、ベスパをたくさん見かける。ヤワラートには様々な問屋があり、配達のために大量の荷物を載せて走っている。錆びていたり、何度も塗装し直された年季の入ったベスパが2サイクルエンジンの〝パランパラン〟という音を響かせ元気よく走っている。そんなベスパを専門に扱っている「Silentdog Scooter Shop」代表のレンさんに話を聞いた。

「ベスパの独特なボディのカタチは芸術品並の美しさ。シンプルな構造だけれどエンジンは良く動き、ヘビーデューティーなんだ。メンテナンスにも手がかからない。ヤワラートにベスパが多いのもそういう理由なんだ。リアに大きなキャリアをつけているベスパを僕らは〝ヤワラートスタイル〟って呼んでいる。たくさんの荷物を乗せて、暑い日も雨の日も毎日使わなければいけないから。僕のショップはベスパを専門に修理、レストアしているんだ。扱うベスパは60～70年代に製造されたもの中心。パーツを見つけるのが大変でイタリア、ドイツ、アメリカ、日本など世界中から取り寄せている。違う車種の代用パーツで直したスクーターも多いよ。僕はやっぱりオリジナルのパーツで仕上げたスクーターが好きだけれど。タイ人はより大きくて速いエンジンに載せ換える人が多いね。ヤワラートではでエンジン側のカバーを外しているベスパをよく見るけれど、自慢のエンジンを見せたいからだよ。メンテナンスがしやすいことや熱がこもらないという利点もあるけれど。ヤワラートスタイル。半世紀も前に作られた芸術品と関わる仕事ができてうれしい。ベスパが街の風景の一部としてあり続けて欲しいね」

77/31 Lep Nak Alley, Khwaeng Anusawari, Khet Bang Khen, Bangkok 10220 P158-S

Onion

Clothing Store | Bangkok
Sorasak Chanmantana (House)

タマネギが嫌いだからオニオン

オニオン | クロージングストア (バンコク)
ソラサック・チャンマンタナ (ハウス) | onionbkk

1.

1.ハウス君が世界各地から買い付けてきた商品が並ぶ。2.白い壁と、"onion"のサインのバランス良し。左がカフェ、右が店内入り口。3.オーナーのハウス君。インディーバンドSlurのギタリストでもある。

2.

バンコクの中心地サイアム駅からスカイトレインのBTSスクンビット線に乗ってエカマイ駅。下車したらタクシーかバイクタクシーに乗って10分弱。こんなところに?と不安になった頃到着する。白い壁にちょこんと青い文字で書かれた「onion」の文字。向かって右側が「Onion」の洋服屋で左が「One Ounce For Onion」のカフェだ。昨年まで服屋の奥に〈Brave Roasters〉の焙煎所があった。それぞれ3人のオーナーは友人同士。「One Ounce For Onion」のカフェでは〈Brave Roasters〉で焙煎されたコーヒーが楽しめる。僕はバンコクを訪れると「Onion」に行くのが楽しみの一つ。新しい流行をチェックするというより、オーナーのハウス君がどんなものに関心があるのかが知りたくて足を伸ばす。ハウス君はバンコクでSlurというバンドのギタリストと二足のわらじを履く。

「音楽がOnionを始めた理由だよ。高校生の時からビンテージのサングラスが好きで集めていたんだ。バンドを始めて機材が必要になったからサングラスを売って機材を買ったんだ。それがきっかけでお店をオープンしたのさ。サングラスに合わせてアメリカで買い付けた洋服も売るようになったんだ。お店を始めたころはセレクトショップは少なくて、みんなデパートやマーケットで服を買っていた。今ではタイ、アメリカ、日本、イギリス、フランス、韓国、ドイツといろいろな国のブランドを扱っている。それと自分でもオリジナル商品も作っているんだ。なぜオニオンかって?僕が一番嫌いな食べ物だからだよ。レストランで料理が運ばれてきて、そこにオニオンが乗っていたら間違いなくそれを取り除くね。自分で嫌うものに立ち向かうという意味でもある。嫌いなものを自分のアイデアで好きなものにする。そういう意味でもあるんだ。僕は普遍的な服が好きだから。すべてが手頃な値段ではないけれど、来てくれたお客さんがそれでも投資したくなるって思うものを店に置くようにしているよ。長く愛されるような服にこだわり続けていきたいね」

3.

19/12 Ekkamai Soi 12. Sukhumvit 63, Khlong Tan Nuea, Wattana, Bangkok10110 P154-D

1.

1.タラップと呼ばれるケースに入ったプラクルアン。眺めるだけでも楽しいね。 2.3.チェンマイの路上やお寺の境内にて。プラクルアンを売る人たち。交渉もできるよ。 4.バンコクのお寺ワットラカンのプラクルアン、ソムデットは特に人気。 5.みんなルーペを覗いて真剣に選んでいる。

Phra Kruang

amulet

タイのお守りプラクルアンを知る

プラクルアン／お守り

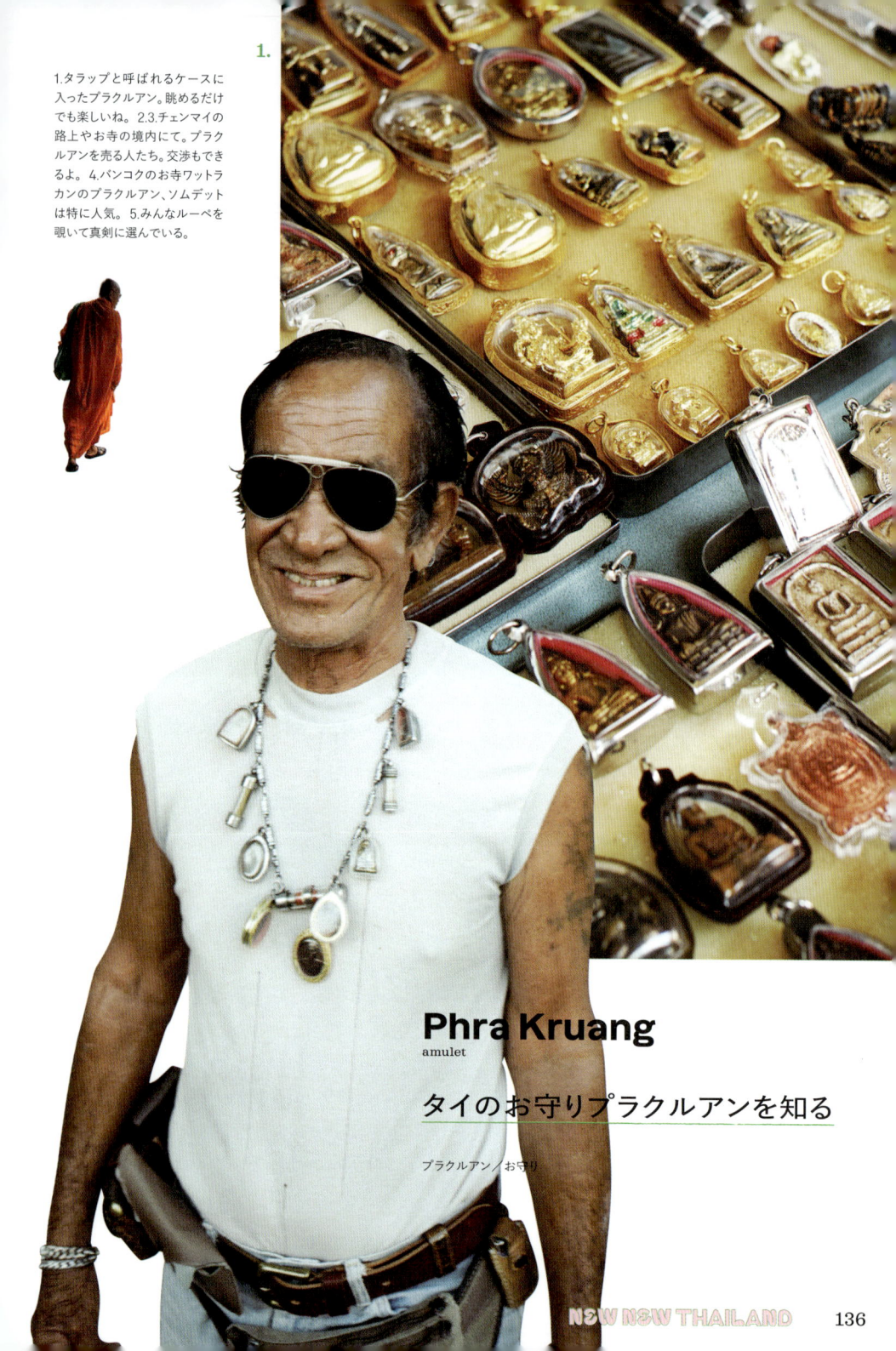

街を歩いていると、プラクルアンと呼ばれるお守りを首から提げている人をよく見かける。粘土、石、金属製など様々な素材でできた神様を象った像をタラップと呼ばれるケースに入れて、首から提げる。お寺がお布施のお返しに配ったり、お寺を改装するための資金作りのために売られたりする。日本のお守りとの違いはそれをお寺に返納しないこと。そしてそれが売買もされている。プラクルアン専門店や路上で売っている人もいる。ルーペを片手にみんな真剣に選んでいる。神様をお金で取引することは良くないこととされ、買う時にはチャオ（借りる）と言う。みんなが真剣に選んでいる理由は、プラクルアンが作られた年代や、高僧で有名なお坊さんがプクセー（入魂）したものだと価値が高くなり、高額で取引され、何千万円という値がついたものまであるからだという。さっきまで売買

2.

3.

4.

5.

はいけないと言っていたのにな。専門雑誌まである。そもそもお守り自体に効果があるわけではなく、「このお守りをしていたら女の子にモテた」とか「バイクで事故ったけどこのお守りのおかげで怪我しなかった」とか、そう話が広まり効能だと思い込む人が増えたという。プラクルアンが出回ることでケースを作る仕事が生まれたり、雑誌を作る人がいたり、お店を営んだり、そうやってみんなが生活できるのなら良いんじゃない？　タイらしい考え方。バンコクのタープラチャン市場がプラクルアン市場として有名だけれど、偽物も多く出回っているので注意。安いものだと20〜30バーツくらいなのでお土産にもぜひ。せっかくなので、ケースを作ってもらってネックレスにするのも楽しみの一つ。タイを訪れた時の楽しみが確実に一つ増えた。

Par Ker Yaw

Shop | San Kamphaeng

古い北タイの空気を感じられる店

パーガーヨー | ショップ（サンカンペーン）| parkeryawshop

ナイトマーケット近くにあったパーガーヨーがサンカンペーンに引っ越して、元々あった店の古い建物が壊されていた。古く質素な建物で店内に入ったときの空気が好きだったのでとてもがっかりしたのを覚えている。新しい店はチェンマイから15分くらい離れたサンカンペーン。細い路地を入りながら「道を間違えたかな？」と思った頃に新しい店舗が現れた。店の構えを見ただけで、すでに来て良かったなと思えるお店。北タイの少数民族の装飾品、銀でできたネックレスやブレスレット、綿の織物などが並ぶ。木製の日用品、籠。店内のディスプレイも素晴らしいし、並んでいるものが買えるというだけでもなんかすごいなと思ってしまう。ジリジリと暑く、たまにそよ風が通る静かな店内。まるで古い北タイにタイムスリップしたかのような空気を感じられるこの空間が好きだ。

1.

1.北タイ、少数民族の人たちが作った布。手作りだから出るこの色と風合いがきれいだな。
2.3.静かなの行き止まりにたたずむ店。店内のディスプレーも素敵だし、空間がとても好き。もちろん扱っている商品も。

2.

3.

Soi 4, San Klang, Chaing Mai P158-V 10:00-18:00 | 日曜定休日

Thanin Market

Market | Chiang Mai

チェンマイの台所

ターニン市場 | マーケット（チェンマイ）

市内からバイクで10分。地元の人たちで賑わうマーケット。野菜、精肉、鮮魚はもちろん、大皿に盛られたお惣菜、大好きなカオニャオ（餅米）にその場で作ってくれるソムタムまで。カオニャオを片手にその場で食べられるお惣菜を物色するスタイルが良い。この市場が好きなのは清潔なところ。フードコートもあるので、オーダーすれば市場で買ったものを持ち込んで食べることもできる。

169 Ratchapakhinai Rd, Tambon Chang Phueak, Mueang Chiang Mai District, Chiang Mai 50200 P157-O 6:00-20:00 | 不定休

Warorot Market

Market | Chiang Mai

チェンマイ人に愛された市場

ワローロット市場 | マーケット（チェンマイ）

新市街、ピン川近くにある市場。地元チェンマイの人はもちろん、観光客も多く集まる。真ん中が吹き抜けになっている建物は3階建てで食料品、日用品、化粧品、衣料品などのお店が並び、連日賑わいを見せている。狭い区画にお客さんが見て手に取りやすいように商品がきれいに並ぶ。採れたてのフルーツを買ってその場で食べたり、お土産に布製品、ドライフルーツなんかを買うのも便利。3階にある食堂も実は穴場。

Chang Moi Rd., Tambon Chang Moi, Amphur Muang, Chiang Mai P156-M 6:00-17:00 | 不定休

Plastic Bags

なんでもビニール袋

袋カルチャー

タイの人はとにかくビニール袋が大好き。日本ではあまり見かけない小さなレジ袋があってガムを買っても小さな袋に入れてくれる。屋台や市場へ行くと出来立ての温かいお総菜などがパンパンにふくれたビニール袋に入って並んでいる。またその姿が絵になって良いのです。スープもビニール袋に入っている。今ではプラスチックカップも多いけれど、コーラだってビニール袋に入れてくれる。コーラは袋が最高。

Yadom

タイ人の癒やし、ヤードム

ヤードム

コンビニのレジ横とか、スーパーとかでも売られているヤードム。メントール系のスーッとして刺激の匂いがするものでリラックス効果があったり、眠気さましにもなる。リップスティックのようなスティックタイプが一般的。お勧めするのがユーカリなどの天然素材が入ったタイプ。そのほかにも瓶に入った軟膏タイプ。こめかみなどに塗ると気持ちがいい。匂いを嗅いだり、好きなところに塗ったりする。まとめ買いしてお土産にするのにもいい。

●カオソーイ・ラムドゥアン・ファーハーム

　まずは1軒目、市内から近いのでこちらを初めに。ついついチキンを頼んじゃう。Sサイズ40バーツ骨付きのチキン、肉がほろりととれて美味しい。スパイシーなカレーをココナツミルクでマイルドにしていてコクがある。高菜の漬物と赤タマネギとライムの付け合わせをどんぶりに入れて。麺は少なめなので、もういっぱい食べたいところを我慢して次！ ちなみに入口付近で売っているワッフルも良いんだな。

352/ 22 Charoen Rat Rd., Chiang Mai 50000 P156-M 8:30-16:30

今日のアロイ（5/5）

1日に2度のお昼。
北タイ、チェンマイ名物、カオソーイというカレーラーメン。
美味しい2件が近くにあるので
自然とカオソーイはハシごになるんだな。

●カオソーイ・サムージャイ

　ラムドゥアンからバイクで30秒。歩いても5分。サムージャイ。こちらはカオソーイ以外のメニューも充実だけれど、ラムドゥアンの味を口に残したまま同じチキンで。Sサイズ40バーツ。どんぶりに箸が橋渡し。その上に付け合わせが乗る二階建てシステムで出てくる。肝心な味は、訪れる時にもよるけれど、サムージャイの方が味が濃くてパンチがある。なのでサムージャイを2件目にするのがいいと思う。甲乙つけがたいのでまた次回もハシゴだな。

391 Mu.2, Charoen Rat Rd, Chiang Mai 50000
P156-M 8:00-16:00

editor's note

Workation in Thailand.

仕事をしながらタイを旅する
ワーケーションの提案

しっかり休みを取って古都を巡る旅、南の島々を回りビーチを楽しむ旅、そしてイサーンを訪れてメコン川を眺めるような旅も良い。週末を利用してバンコク弾丸ツアーだって楽しい。ＬＣＣの躍進によってタイがさらに近くなり、気軽に訪れることができるようになった。それにホテルなどの宿泊施設も充実、リーズナブルな値段で泊まることができる。渡航先としてタイの人気はこれからも上がっていくだろう。

最近では仕事をしながら旅を楽しむ、ワーク＋バケーション「ワーケーション」というスタイルが人気。パソコンとスマートフォンさえあればどこでも仕事ができてしまう時代。気軽に訪れることができるタイだからこそ、そんなスタイルで旅をしてみるのはどうだろうか？　バンコクやチェンマイで取材をしながらホテルのカフェやコワーキングスペースで原稿やメールでのやりとりが気軽にできる。到着した空港ではツーリスト向けの携帯電話のＳＩＭカードも

Bangkok

ONE DAY

バンコクで買い物や食事にも人気エリア、プロンポン駅から徒歩5-6分とアクセスの良いCASA LAPINのカフェが併設されているホステル。ドミトリータイプの部屋で一泊370バーツからとリーズナブル。人数に合わせて部屋を貸し切りにすることも可能。プライベートルームもあるのでプライバシーを重視する人はそちらを。館内はもちろんWi-Fiも完備。広々としたキッチン付きの共有スペースでゆっくりと仕事をしたり、ホステルに宿泊している人たちと会話を楽しんだり。カフェCASA LAPINとならんで南タイレストランMarigoldでゆっくりと食事を楽しむこともできる。

51 Sukhumvit 26 Alley, Khlong Tan, Khlong Toei, Bangkok 10110
154-F http://onedaybkk.com
onedaypauseandforward

格安で手に入るし、Wi-Fiだって大抵のホテルやカフェでつなげることができるから。早朝散歩後に朝食、そしてお昼までパソコンと向き合う、ガイヤーンが美味しいと評判のあの食堂でランチ。こんなに美味しいランチが日本よりもリーズナブルな値段で食べられるなんて。カフェで再びメールをチェック。同じように仕事をしながら旅をしている人たちとの情報交換も楽しいよね。タイマッサージを受けたらチャイナタウンで早めの夕食。夜はずっと見たかったタイのラッパーのライブを観に行くことに。タイでしかできない体験をしながら旅を続けよう。

人気の高いチェンマイでのワーケーション

近年、滞在先として注目を集めている
第二の都市、チェンマイ。荘厳な仏教寺院が
点在し、自然も豊かな街並みの中に、
Wi-Fiも完備されたワーキングスペースが増えている。
大都市バンコクに比べてコストも安い上に
治安が良く、日本との時差が2時間なので
ワーケーション利用にはもってこいの環境だ。

amazing THAILAND

ワーケーションをはじめ、タイ観光の最新情報はタイ国政府観光庁公式サイトAmazing Thailandでチェック!

www.thailandtravel.or.jp

タイ国政府観光庁
東京事務所／〒100-0006 東京都千代田区有楽町1-7-1有楽町電気ビル南館2F
Tel.03-3218-0355
大阪事務所／〒550-0013 大阪府大阪市西区新町1-4-26 ニッケ四ツ橋ビル
Tel.06-6543-6654
福岡事務所／〒812-0027 福岡県福岡市博多区下川端町2-1 博多リバレインイーストサイト11F Tel.092-260-9308

10 Wiang Kaew Road, Sri Phum, Muang, Chang Wat Chiang Mai 50200 📍 157-O
http://www.punspace.com

PANSPACE Wiang Kaew

2018年にオープンしたコワーキングスペース。料金は1日289バーツ、クレジットカードも利用可。利用者は外国人も多く周辺の食堂で料理をテイクアウトして敷地内で食べることができるほか、カフェエリアとクワイエットエリアに分かれているので、落ち着いて仕事をしたい方にオススメ。

31 Siri Mangklachan Rd, Lane13,Suthep, Muang, Chiang Mai 50200 📍 157-Q
http://thebrickspace.com

THE BRICK STARTUP SPACE

チェンマイ中心部に位置するカフェと併設したコワーキングスペース。利用者は起業準備中のタイ人を中心にアメリカ人や韓国人も多く、ビジネスの出会いや情報交換もしやすい空間として人気を集めている。料金は1日250バーツで42席。立地が良く観光の合間に立ち寄れる。

417 Moo 12 NongKwai Hangdong, Chiang Mai, Thailand 50230 📍 158-T
http://thebrickspace.com

The Camp Muay Thai Resort and Academy

チェンマイ国際空港から車で約15分、おしゃれなショップが並ぶニマンヘンミンストリートにほど近い滞在型トレーニングリゾート。ムエタイやキックボクシングのトレーニングや体験もでき、日本人スタッフも在籍。運動不足の解消や汗を流して頭をクリアにしながらひと味違ったワーケーション滞在はいかがだろうか。

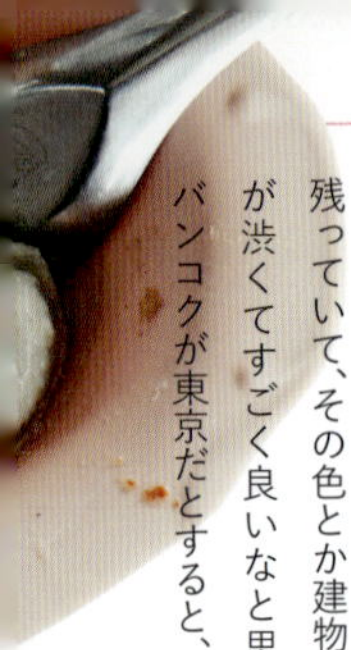

チェンマイに通うきっかけを作ってくれたのは岡本さんだった。「街もいいし飯もうまい」それならとさっそくチェンマイへ行ってみた。なるほど、街も良い、というかちょうど良い、そして飯もうまい、いやめちゃくちゃうまい。頻繁にチェンマイを訪れている岡本さん、僕もそれから毎年のように通うことになった。数年前、偶然にも岡本さんと同じタイミングでチェンマイに居合わせたことがあった。一緒にご飯はどう?とメッセージをくれた。もちろんです! 午後3時にニマンヘミンにあるレストラン、〈ホンテウイン(→P044)〉で、とのこと。僕にとって遅いお昼。岡本さんにとって早い夕食だった。

岡本さん、チェンマイの好きなところはなんですか?

「いろいろあるんだけれど、例えば建築だとランナー時代の建物が残っていて、その色とか建物の感じが渋くてすごく良いなと思って。バンコクが東京だとすると、チェンマイは京都みたいだと例える人が多いけれど、京都ほど煌びやかではなくて、僕は奈良っぽいのではないかと思っている。金に塗ってあったものが剥げてしまってもそれが美しくて、その侘びていく感じも好き。あと街のサイズもちょうど良くて、公共交通機関がないところが僕にとってとても気持ち良かった。都市ということで考えるとこっちの方が文明的じゃないかと思って。どこへでもドアトゥードアで行けるから。家の前で手を上げてトゥクトゥクや乗り合いバスに乗って、行きたいお寺や店の目の前で降ろ

Hitoshi Okamoto

Editor | Tokyo

好きなものを食べる人に優しい街

岡本仁 | 編集者(東京)

岡本 仁 | 1954年、北海道夕張市出身。テレビ局を経てマガジンハウスに入社、雑誌『ブルータス』『リラックス』『クウネル』などの編集に携わる。現在、ランドスケーププロダクツにてプランニングや編集を担当。著書に続々 果てしのない本の話(アカツキプレス)などがある。チェンマイでは美味しい食堂へ行ったり、買い物をしたり、のんびりしたり。

してもらう。路線バスとは違ってどこどこ行けますか?って聞いてそれぞれお互いの都合で、折り合いをつけ合って運用している感じもすごく好き」

チェンマイでの交通手段はソンテウと呼ばれるトラックを改造して作られた乗り合いタクシーかトゥクトゥク。どちらも路線があるわけでも料金がはっきり決まっているわけでもないので、ソンテウの場合乗る前に目的地を告げ、そこへ行ってもらえるかを確認する必要がある。

「システムじゃないからいちいち人と話さないといけない。英語が通じないところもあるから、カタコトでもタイ語を覚えないととか。パクチーが嫌いだったらパクチー抜いて、というタイ語を勉強したり、そういうことが楽しい。うちのカミさんがソンテウの運転手に行き先を告げる時に英語でいうプリーズをタイ語で言うんだけれど、それをつけるだけでその人もにこやかになるんだよね。あと、食堂に行くといつも思うんだけれど、みんなとても寛容でだいたい持ち込み自由。人の好きな食べ物のことを邪魔しない。食べるんだったらいいよって。初めてクイッティアオ屋の〈ロットヌン(→P069)〉に行ったとき驚いたんだけれど、店の前に違う屋台が来ていて、麺以外のおかずとかデザートが食べたかったらそこで買って、でも店で麺と一緒に食べるのもオッケーで、そういう共存感がすごくいい」

チェンマイに行く楽しみの一つ、いや食べ物目的と言っても間違いないくらい、この街はご飯が美味しい。

「北タイの料理は野菜とハーブをすごくうまく使うんです。それと餅米が美味しいから、餅米に合うおかずを探す感じ。そういうのが好き。朝ご飯は〈オンブーン(→P126)〉に行きますね。お惣菜がたくさん並んでいて自分の好きなものを取って量り売り。毎朝でも食べたい。それか〈ロットヌン〉の麺。毎回同じようなところに行っているよ。それに時々新しいお店を見つけて、廻るところが一軒増えた、みたいな。お昼はガイヤーンが多いかな。〈ウィッチェンブリー(→P092)〉が好き。すぐに売り切れちゃうから1時に行くともうドキドキみたいな」

食べることも好きだけれど、岡本さんと言えば今日の買い物。チェンマイでどんなお買い物を?

「モン族かミャオ族の人が作ったベイビーブランケットを買ったんです。凄くきれいだなって思って。布ものはよく買います。きれいだし持ち帰るのに軽くていい。持ち帰って何に使うわけでもなく。手工芸品の細やかさと、自然染めで色合が美しい。こういうのはなくなっていくなと思って。今まで買った布でこれが一番好き。あとお皿とか器を買うのも好き。そういうお店で買ったのがこの象。訪

岡本さんのチェンマイ。

写真・文=岡本仁

チェンマイはバイクの街だと思う。

各所にある土地の精霊（ピー）を祀る祠。
みな軽く手を合わせていく。

ワロロット市場。
チェンマイの人はディスプレイがとても上手い。

メラミン樹脂の食器とペナペナのカトラリー。
この感じがチェンマイ。

チェンマイでいちばん好きなお寺はここ。
ワット・チェディルアン。

街角ごとに何か食べ物を売っている人と
買っている人がいる。

れる度に何か買うのっていいなと思って。これがどうしても欲しいというより、チェンマイで買い物がしたいって思って。買ったものが自分のそばにあって、見るとちょっとうれしくなるものはなんだろう?って思うとこういうものになる。このブランケットも少数民族の人が自分たちで使うために作ったものだけど、僕は自分でも手の届く美術品だと思って買っています」。特に決まった目的もないし、有名な観光スポットがいくつもあるわけでもない。それなのに何度も訪れたくなる魅力がこの街にはある。「たくさんの人が一カ所に住

むことによって自然に生まれる商売ってあって。その意味を今も感じられて、大儲けするとかでなく、みんながそこそこお金を稼いで共存していく感じ。それぞれが得意なことを商売にして、そうやって経済がまわっている感じ。いろいろなものに縛られていなくて合理的な都市だと思う。チェンマイにいると、自分が考える豊かさや都会的という基準が浄化されるんです。こっちの方が大事なんだな、って気持ちがリセットする。そこに暮らすことはできないけれど、こういう幸せの感じ方があるんだってことを時々見にいって、東京にいる時もそういうことを思い出して」

　チェンマイ行きたくなりましたね。

「ね、中華麺、細いの、太いの、汁あり、汁なし、〈ロットヌン〉の麺屋だけでもいろいろ楽しめる。〈オンブーン〉の朝ご飯もいいけれど、ナイトバザールの朝がゆのおばちゃんのところも行きたいね」

あとがき

僕がこの本を出そうと思ったきっかけは、CASA LAPINのタンタがバンコクで二種類のコーヒー豆を僕に差し出したことだった。「豆の種類も焙煎も同じだけれど、ナチュラルプロセスと、もう一つがウォッシュドプロセスなんだ」摘み取られたコーヒーの実を水で洗い取るか乾燥させて取るか、その違いだけでこんなに味が変わるとは思わなかった。そもそも生豆にする方法すら考えたこともなかった。Nine One Coffeeのワンさんがこう言った「Seeds to Cup」コーヒー豆を栽培するところから、お客さんに一杯のコーヒーを提供するまで。僕はそのすべてを一貫してできることの可能性はとても大きいし、なんだかコーヒーに関わることが楽しそうだと思った。そのことを知り、そんな友だちの姿を見ていると、彼らがこれからやっていくことにとてもわくわくした。この本がコーヒーの章から始まっているのはそういった理由からだ。タイに友だちができたことで、タイをより深く知ることができた。そうやってこれまでに出会ってきた物事を一冊の本にまとめてみた。振り返るとなにかに真剣に取り組んでいる人たちはやっぱり魅力的だと思う。こんな素敵なストーリーに出会うきっかけを作ってくれた友だち、手伝ってくれたみんな、ありがとう。

竹村卓

Thailand Yellow page

❶ タイの物価は?

1バーツ=約3.5円(2019年12月26日現在)。
タクシー初乗り=35バーツ(約110円)。
缶コーラ=15バーツ(約50円)。
タイラーメン=40バーツ(約150円)。

❷ 日本からどれくらい?

東京からバンコクへ直行便で6時間半。

❸ タイの気候・雨季や季節は?

＊乾季11月〜3月前半
降水量も少なく、過ごしやすい。正月前後のチェンマイでは長袖が必要になることも。
＊夏は3月後半〜5月くらい
とにかく暑い。35度から40度くらいになることも珍しくない。
＊雨期6月〜10月
雨が多い季節。スコールのように大量の雨が一時的に降る日がある。

❹ タイの食文化

北へいくと比較的薄味。南へ下がるほどココナッツなどが強く濃い味になり辛さも増す。

❺ 知っておきたいマナー

電車や公共の場所ではお坊さんが最優先。お年寄りや幼い子どもも優先するように。女性はお寺では露出の少ない格好でないと参拝できないので気をつけて。

❻ 覚えておきたいタイ語

［**挨拶(こんにちは)**］
男性の場合:サワディー カップ
女性の場合:サワディー カー
［**ありがとう**］
男性の場合:コップン カップ
女性の場合:コップン カー
［**美味しい**］アロイ
［**辛い**］ペッ
［**辛さ控えめに**］
男性の場合:マイ ペッ ナー(カップ)
女性の場合:マイ ペッ ナー(カー)

❼ トゥクトゥク・タクシーの捕まえ方

手を斜め下に差し出しヒラヒラと振る。トゥクトゥクの値段は全て交渉次第。にこやかに交渉しましょう。

バンコクでは移動手段としてタクシーを利用する機会が多くなる。初乗りは35バーツと利用しやすい金額だが、渋滞も多いので電車や地下鉄がスムーズな場合もあり。タクシーは乗る前に目的地に行ってくれるかを窓越しに聞く。行ってくれる場合もちゃんとメーターを使ってくれるかを確認。メーターを使わずに交渉してくるタクシーも多い。乗ってからもメーターが初乗り35バーツからスタートしているかを確認すること。

THAILAND MAP

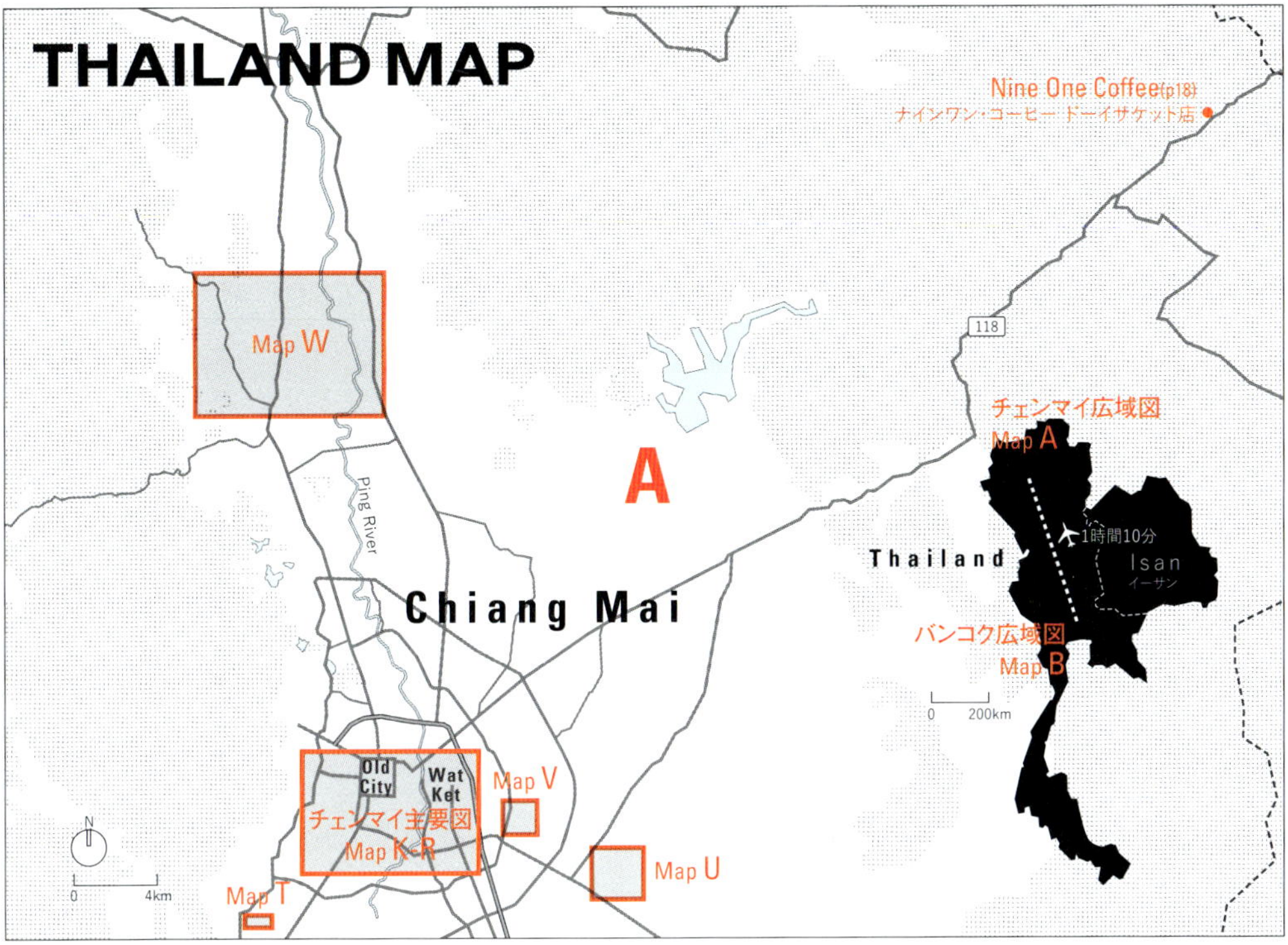
Nine One Coffee(p18)
ナインワン・コーヒー ドーイサケット店
118
チェンマイ広域図
Map A
1時間10分
Thailand
Isan
イーサン
バンコク広域図
Map B
0 200km
Map W
Ping River
A
Chiang Mai
Old City
Wat Ket
Map V
チェンマイ主要図
Map K-R
Map U
Map T
N
0 4km

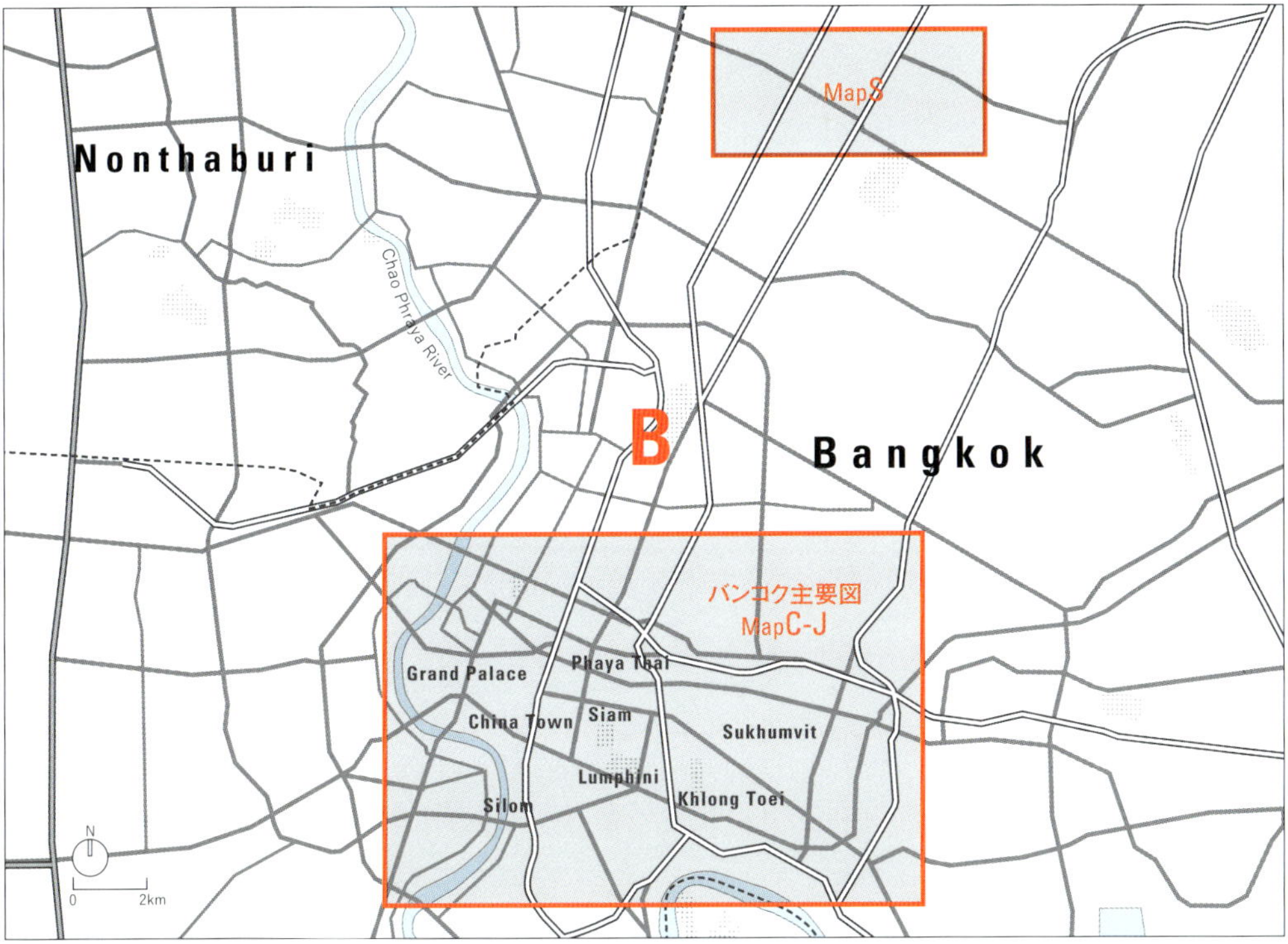
MapS
Nonthaburi
Chao Phraya River
B
Bangkok
バンコク主要図
MapC-J
Grand Palace
Phaya Thai
China Town
Siam
Sukhumvit
Lumphini
Khlong Toei
Silom
N
0 2km

Don Muang Toll Way
MRT Blue Line
タイ文化センター駅
Thailand Cultural Centre
Huai Khwang
フワイクワーン
E
C
マッカサン駅
Makkasan
Isan Lamsing2(p86)
イサーン・ラムシン2
Asok Montri Rd.
Terminal21(p68)
ターミナル21
Soi Kamnoet Sap2
Thanon Phet Phra Ram
Watthana
ワッタナー
ナナ駅
Nana
ラムカムヘン駅
Ramkhamhaeng
Brave Roasters
(SEEN SPACE Thonglor)(p34)
ブレーブ・ロースターズ
シーンスペース・トンロー店
Roots Coffee(p36)
ルーツ・コーヒー
アソーク駅
Asok
Benchasiri Park(p66)
ベンジャシリ公園
Thong Lo 17
Thong Lo 13
Soi Thong Lo
Onion(p134)
オニオン
BTS Sukhumvit Line
One Day Hostel(p144)
ワンデイ
Soi Thong Lo 11
Ekkamai Rd.
Soi Pridibanomyong 37
ベンジャキティ公園
Benchakitti Park
Soi Ekkamai 12
Duang Phithak Rd.
Soi Sukhumvit 26
Soi Sukhumvit 49
Soi Sukhumvit 51
INK & LION Café(p38)
インク&ライオンカフェ
Nakhon Expressway
CASA LAPIN(p32)
カーサ・ラパン
トンロー駅
Thong Lo
Khlong Toei
クロントゥーイ
エカマイ駅
Ekkamai
Studio Lam(p80)
スタジオ・ラム
F
D
Sukhumvit Rd.
co-incidence process coffee(p122)
コインシデンス・プロセス・コーヒー
ZudRangMa Records(p81)
ズドラングマレコーズ
オンヌット駅
On Nut

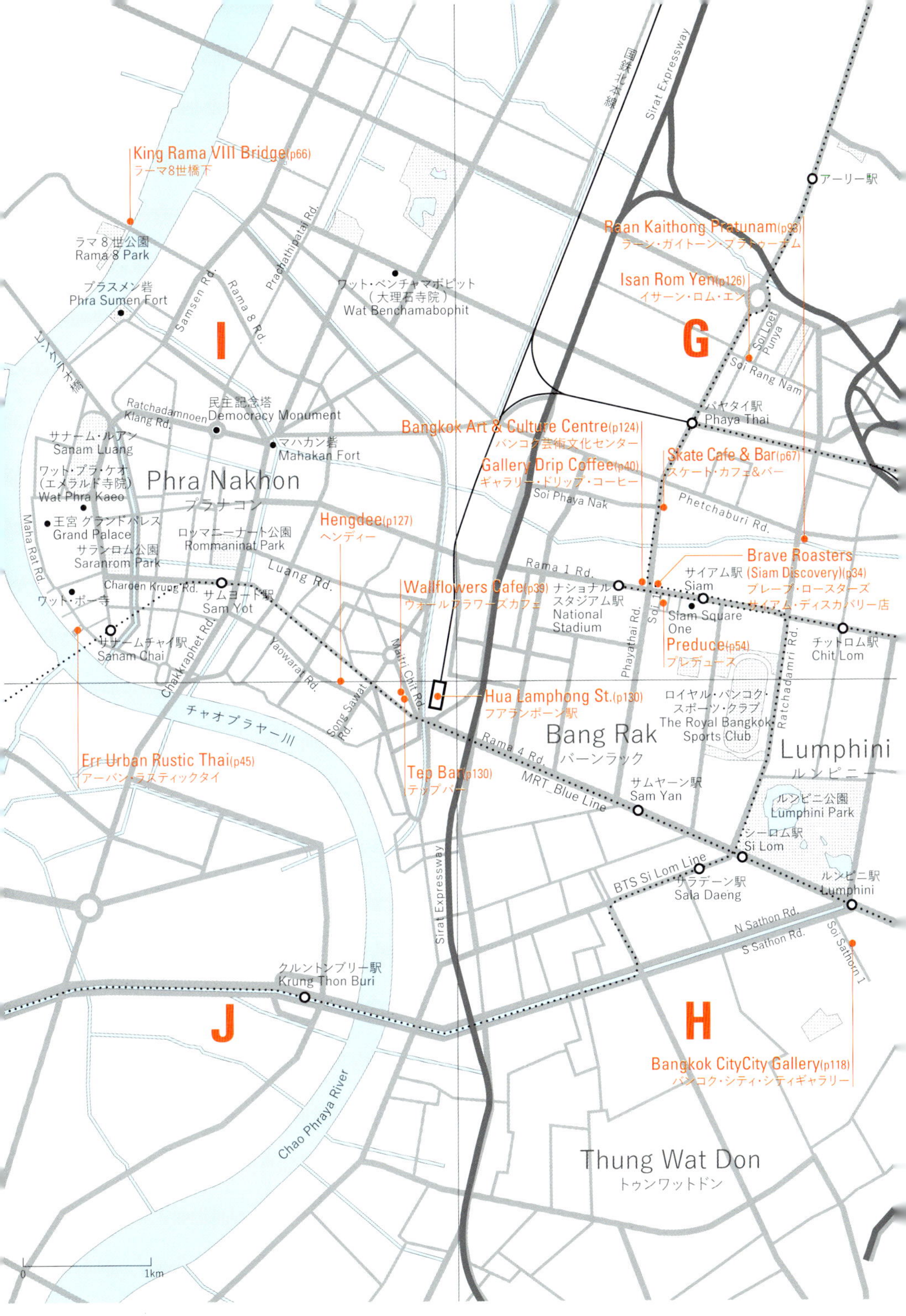

King Rama VIII Bridge(p66)
ラーマ8世橋下
ラマ 8 世公園
Rama 8 Park
プラスメン砦
Phra Sumen Fort
ピンクラオ橋
Samsen Rd.
Rama 8 Rd.
Prachathipatai Rd.
ワット・ベンチャマボピット
（大理石寺院）
Wat Benchamabophit
国鉄北本線
Sirat Expressway
アーリー駅
Raan Kaithong Pratunam(p93)
ラーン・ガイトーン・プラトゥーナム
Isan Rom Yen(p126)
イサーン・ロム・エン
I
G
Soi Loet Punya
Soi Rang Nam
民主記念塔
Democracy Monument
Ratchadamnoen Klang Rd.
サナーム・ルアン
Sanam Luang
マハカン砦
Mahakan Fort
ワット・プラ・ケオ
（エメラルド寺院）
Wat Phra Kaeo
Phra Nakhon
プラナコン
王宮 グランドパレス
Grand Palace
Maha Rat Rd.
ロッマニーナート公園
Rommaninat Park
サランロム公園
Saranrom Park
パヤタイ駅
Phaya Thai
Bangkok Art & Culture Centre(p124)
バンコク芸術文化センター
Gallery Drip Coffee(p40)
ギャラリー・ドリップ・コーヒー
Soi Phaya Nak
Skate Cafe & Bar(p67)
スケート・カフェ&バー
Phetchaburi Rd.
Hengdee(p127)
ヘンディー
Luang Rd.
Rama 1 Rd.
Brave Roasters
(Siam Discovery)(p34)
ブレーブ・ロースターズ
サイアム・ディスカバリー店
サイアム駅
Siam
Charoen Krung Rd.
サムヨード駅
Sam Yot
ワット・ポー寺
Wallflowers Cafe(p39)
ウォールフラワーズカフェ
ナショナル
スタジアム駅
National
Stadium
Siam Square
One
Phayathai Rd.
Soi
チットロム駅
Chit Lom
サナームチャイ駅
Sanam Chai
Chakkraphet Rd.
Yaowarat Rd.
Maitri Chit Rd.
Preduce(p54)
プレデュース
Ratchadamri Rd.
Hua Lamphong St.(p130)
ファランポーン駅
ロイヤル・バンコク・
スポーツ・クラブ
The Royal Bangkok
Sports Club
チャオプラヤー川
Song Sawat Rd.
Bang Rak
バーンラック
Lumphini
ルンピニー
Rama 4 Rd.
Err Urban Rustic Thai(p45)
アーバン・ラスティックタイ
Tep Bar(p130)
テップバー
MRT_Blue Line
サムヤーン駅
Sam Yan
ルンピニ公園
Lumphini Park
シーロム駅
Si Lom
BTS Si Lom Line
サラデーン駅
Sala Daeng
ルンピニ駅
Lumphini
Sirat Expressway
N Sathon Rd.
S Sathon Rd.
Soi Sathon 1
クルントンブリー駅
Krung Thon Buri
J
H
Bangkok CityCity Gallery(p118)
バンコク・シティ・シティギャラリー
Chao Phraya River
Thung Wat Don
トゥンワットドン
0
1km

Khao Soi Samoe Jai(p142)
カオソーイ・サムージャイ
Khao Soi Lamduan Faaham (p142)
カオソーイ・ラムドゥアン・ファーハーム
Kid Skate shop(p67)
キッド・スケート・ショップ
Ping River
2041
Charoen Rat Rd.
Rattanakosin Rd.
Kaeonawarat Rd.
Tunghotel Rd.
11
Wakebakeskate Cafe(p58)
ウェイクベイクスケート
Warorot Market(p139)
ワーロット市場
M
K
Wat Ket
ワットケット
ワットケート
カーラーム
Chang Moi Rd.
Wichayanon Rd.
Chang Moi Rd
Soi 2
Praisanee Rd.
Wawee Coffee(p126)
ワーウィー コーヒー
Thapae Rd.
ターペー門
Tha Phae Gate
Sala Mong Osod(p127)
サラモーンオーソット
チェンマイ
ナイトバザール
Chiang Mai
Night Bazaar
Charoen Prathet Rd.
サンパコーイ市場
San Pa Khoi Market
RODNUENG (p69)
ロットヌン
チェンマイ駅
Chiangmai
GATEWAY COFFEE ROASTERS (p41)
ゲートウェイ・コーヒー・ロースターズ
106
ISSUE Gallery(p125)
イシュー・ギャラリー
メー・ピン川クルージング
ボート乗り場
Jay Omboon(p126)
オンブーン
Chang Khlan Rd.
Ping River
国鉄北本線
N
L
4032
Krua Phech Doi Ngam (p45)
クルア・ペット・ドイガーン
Mahidol Rd.
Soi Ekkalak

Nine One Coffee(p18)
ナインワン・コーヒー ワンニマン店
Hong Tauw Inn(p44)
ホンテウイン
11
Thanin Market(p139)
ターニン市場
Akha Ama Original(p24)
アカ・アマ・コーヒー本店
Hussadhisewee soi 3
Changpuak Rd.
Huaykaew Rd.
Nimmana Haeminda Rd Lane 2
Nimmana Haeminda Rd Lane 1
Wichian Buri Grilled Chicken(p92)
ウィッチェンブリー
107
Ristr8to(p41)
リストレット
Jok Sompet(p127)
ジョーク・ソムペット
PANSPACE(p145)
パンスペース
Nimmana Haeminda Rd.
Nimmana Haeminda Rd Lane 11
1004
Manee Nopparat Rd.
Nine One Coffee(p18)
ナインワン・コーヒー
Nimmanhemin Rd. Soi 17
Srimangkalachan Rd. Lane 13
SriPhum Rd.
Q
O
ワット チェン・マン
Wat Chiang Man
Ratchapakhinai Rd.
Gallery Seescape(p125)
ギャラリー・シー・スケープ
Wiang Kaew Road.
チェンマイ大学
コンベンションセンター
Chiang Mai University
Convention Center
Akha Ama Coffee La Fattoria(p24)
アカ・アマ・コーヒー2号店
三人の大王の
記念像
マハラート ナコン
チェンマイ病院
Maharaj Nakorn
Chiang Mai Hospital
チェンマイ
市歴史館
THE BRICK STARTUP SPACE(p145)
ザ・ブリック スタートアップ スペース
Krat Ocha(p93)
キアットオーチャー發清
ワット スワンドーク
Wat Suan Dok
Suthep Rd.
Sam Larn Soi 1 Rd.
Arak Rd.
Rachamankha 9 Alley
Old City
オールドシティ
Rachamankha Hotel(p44)
ラチャマンカホテル
Ratchamanka Rd.
S.P. Chicken(p92)
S.P.チキン
ノーンブアクハート公園
Nong Buak Hard
Public Park
チェンマイ門市場
Chiang Mai Gate
Market
Bumrung Buri Rd.
Chang Lor Rd.
チェンマイ門
Pratu Chiang M
Mahidol Rd.
Thipanet Rd.
Wua Lai Rd.
1141
R
P
セントラルプラザ
エアポート
CentralPlaza
Chiang Mai Airport
チェンマイ国際空港
Chiang Mai International
Airport
108
1141
0
500m

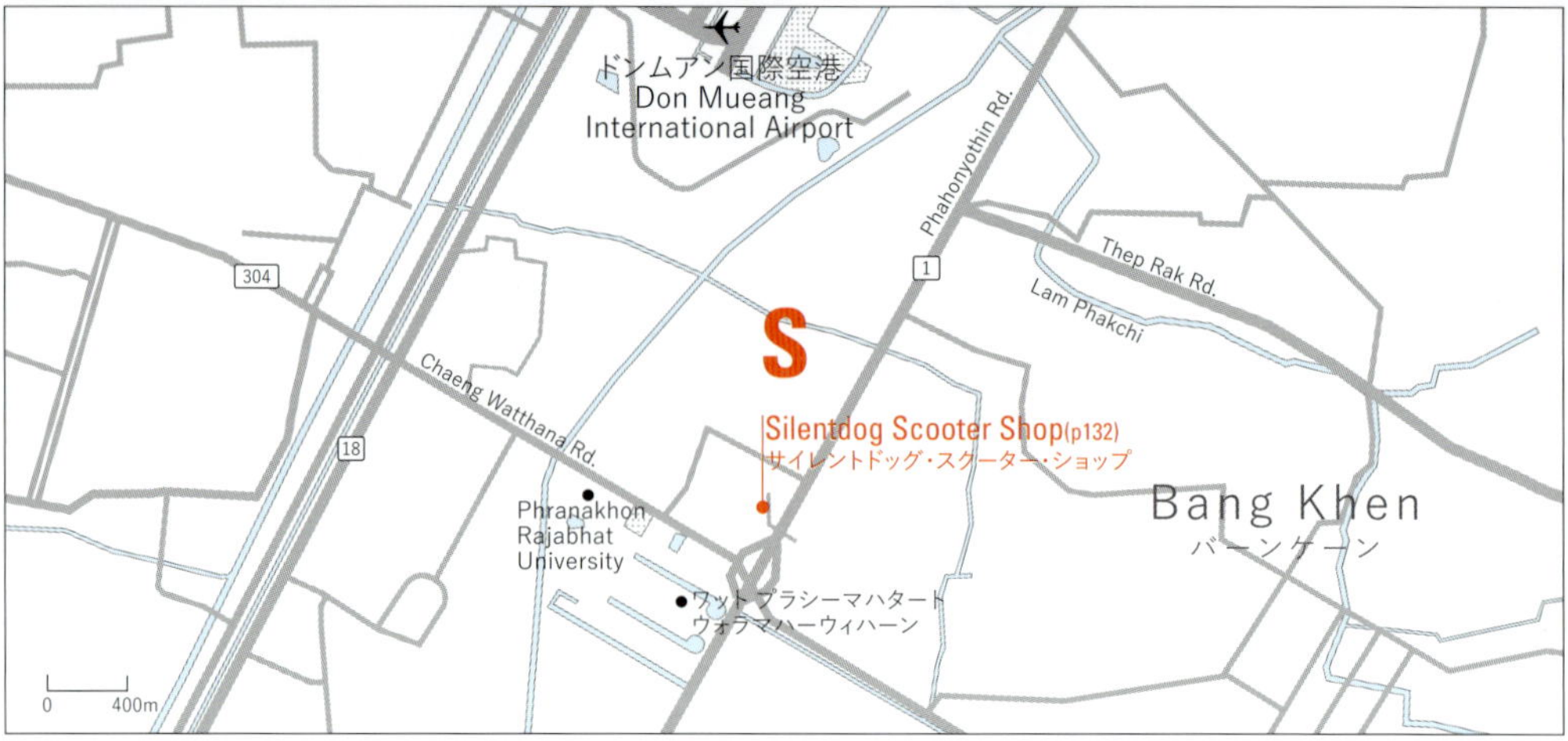
ドンムアン国際空港
Don Mueang
International Airport
Phahonyothin Rd.
1
Thep Rak Rd.
Lam Phakchi
304
S
Chaeng Watthana Rd.
18
Silentdog Scooter Shop(p132)
サイレントドッグ・スクーター・ショップ
Bang Khen
バーンケーン
Phranakhon
Rajabhat
University
ワット プラシーマハタート
ウォラマハーウィハーン
0
400m

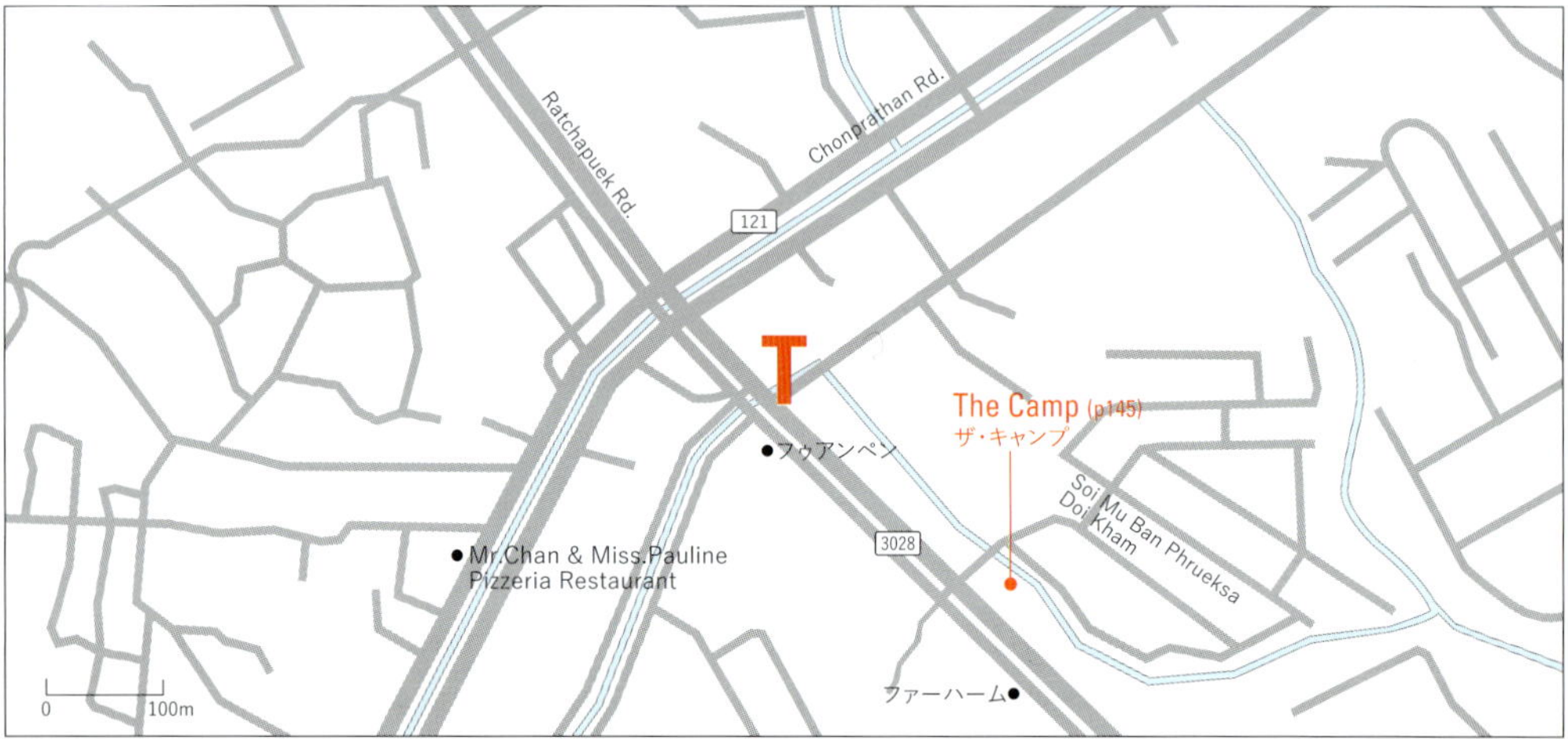
Ratchapuek Rd.
Chonprathan Rd.
121
T
The Camp (p145)
ザ・キャンプ
フゥアンペン
Soi Mu Ban Phrueksa
Doi Kham
3028
Mr.Chan & Miss.Pauline
Pizzeria Restaurant
ファーハーム
0
100m

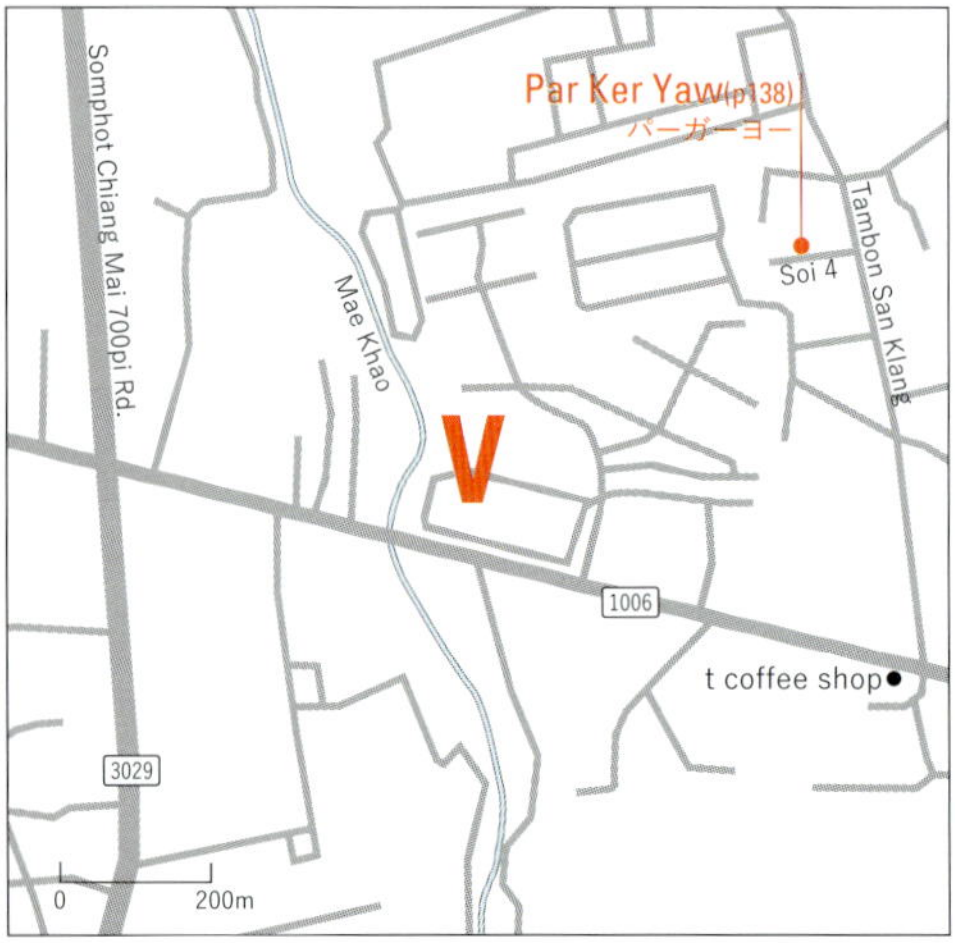
Somphot Chiang Mai 700pi Rd.
Par Ker Yaw(p138)
パーガーヨー
Soi 4
Tambon San Klang
Mae Khao
V
1006
t coffee shop
3029
0
200m

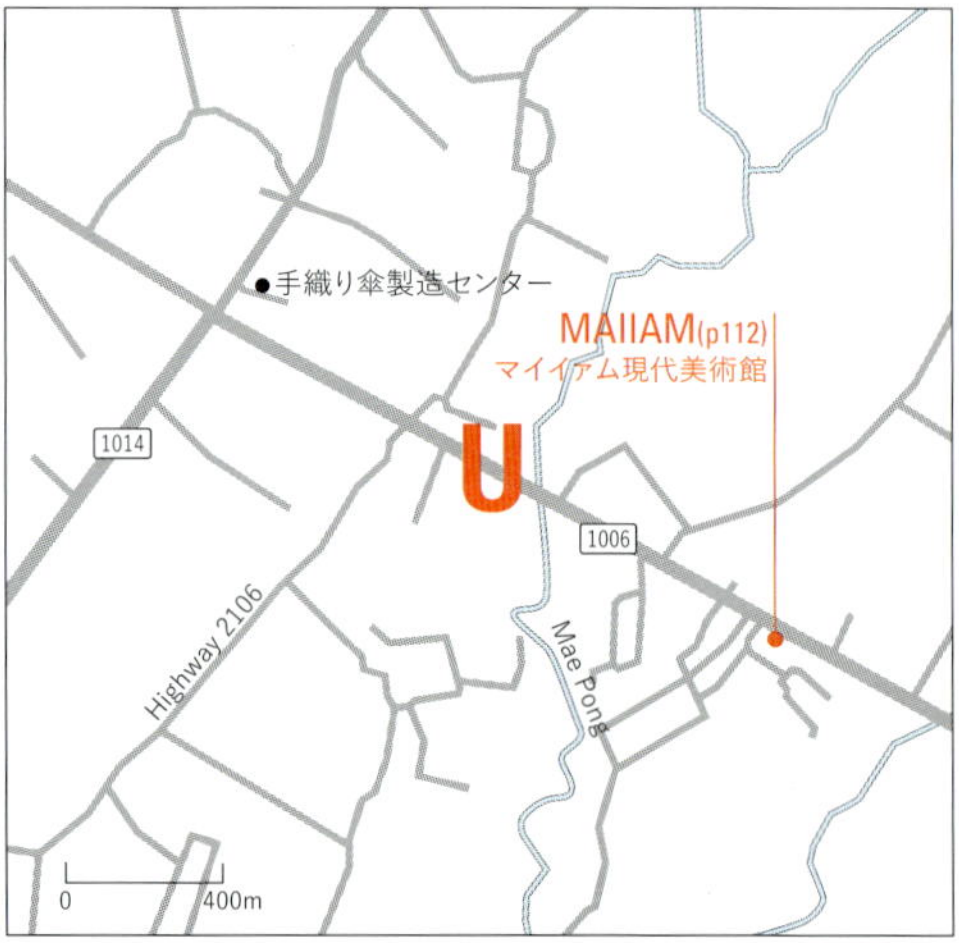
手織り傘製造センター
MAIIAM(p112)
マイイアム現代美術館
1014
U
1006
Highway 2106
Mae Pong
0
400m